El del amor

VLADIMIR SOLOVIEV

Copyright © 2025 Evgeny Shishkin, Camila Batista

Todos los derechos reservados.

Traducción y Edición:

Evgeny Shishkin

Camila Batista

Cubierta: *Beatriz guiando a Dante*, miniatura veneciana, siglo XIV

Ilustración para "Tres encuentros": *Atardecer en El Cairo*, por Iván Aivazovski (1870)

Página final: Retrato de Vladimir Soloviev, por Iliá Repin (1891)

EST

E.S.Traducciones

ÍNDICE

1. Presentación 5
2. Artículo primero 9
3. Artículo segundo 23
4. Artículo tercero 37
5. Artículo cuarto 53
6. Artículo quinto 75
7. "Tres encuentros" 95

PRESENTACIÓN

> *così l'animo preso entra in disire,*
> *ch' è moto spiritale, e mai non posa*
> *fin che la cosa amata il fa gioire*[1].
>
> Dante Alighieri, *Divina Comedia*,
> Purgatorio XVIII, 31 – 33.

Vladimir Sergueyevich Soloviev, uno de los más eminentes pensadores rusos cristianos, nació en Moscú el 16 de enero (calendario juliano) de 1853 y fue filósofo, teólogo, escritor y crítico literario. En *El sentido del amor*, Soloviev analiza el amor entre los sexos en la esfera del individuo y de la sociedad a fin de precisar el vínculo del amor con la verdad universal: el amor es una chispa sagrada, una fuerza salvadora que ocupa un lugar central en la vida humana, mucho más grande de lo que en general se cree.

Para Soloviev, los poetas verdaderos siempre han sido profetas de la restauración de la vida y de la belleza, y las obras de los grandes poetas pueden ilustrar convenientemente los razonamientos. Consideremos pues la respuesta de Virgilio a Dante en la *Divina Comedia* ante la solicitud de una definición del amor, y sus

---

1 N. del T.: Así el alma presa entra en deseo,/ que es moción espiritual, y ya no reposa/ hasta gozar al fin de la cosa amada.

derivaciones. El alma –responde Virgilio a Dante– que nace dispuesta al amor y se mueve hacia aquello que le place, despliega dentro de sí una imagen del amado y se vuelve a ella; luego así como el fuego cobra altura, el alma presa entra en deseo, que es moción espiritual, y no descansa hasta unirse a lo que ama (cf. Purgatorio, Canto XVIII, 19 – 33). Prosigue Virgilio con la advertencia de que no todo amor en sí es cosa laudable, y manifiesta a Dante que hasta allí puede decirle lo que observa la razón, y que luego espere solo en Beatriz, pues lo demás ya es materia de fe. Virgilio responde desde el saber natural, dilucidando aquello que es accesible a la razón humana; pero solo Beatriz en el Paraíso, desde el saber teológico y con la luz de la fe, habrá de profundizar aquello que la razón puede conocer. Tal camino, el de la razón iluminada por la fe, transita también Soloviev en su estudio sobre el sentido del amor. Al respecto, Soloviev señala que además de la naturaleza animal y de la ley social moral, en la vida del hombre hay también un tercer principio, superior: el espiritual, místico o divino, que como aquella piedra desechada por los arquitectos, ha sido puesta por piedra angular.

El amor, única fuerza que para Soloviev puede desde adentro y de raíz socavar el egoísmo, nos libera de la inevitabilidad de la muerte y llena nuestra vida con el contenido absoluto. El amor verdadero trasciende la esfera individual y se vincula con la salvación de los demás, ya que el universo, desde toda la eternidad está interesado en conservar, desarrollar y eternizar todo aquello que realmente es necesario y deseable para nosotros.

En su profundo abordaje sobre el amor, desarrollado

mediante ejemplos y razonamientos que comprenden campos tan diversos como la filosofía, la literatura, la historia, la biología y la física, Soloviev entiende la experiencia amorosa como revelación de la naturaleza del amante y del amado (imagen y semejanza de Dios) y de su fin trascendente: abarca desde su creación hasta su fin último.

Vladimir Soloviev, cuya influencia en el ámbito de la filosofía, el campo general del arte y la literatura es ampliamente reconocida, murió el 31 de julio de 1900. Entre sus obras se destacan, además de la que aquí presentamos, *Rusia y la Iglesia universal* (1889) y *Tres conversaciones y el Breve relato sobre el anticristo* (1899 – 1900). La presente edición de *El sentido del amor* (1892 – 1894) es traducción directa del idioma ruso, de las *Obras Completas* (1911 – 1914), San Petersburgo.

***

En este volumen incluimos "Tres encuentros" (1898). Se trata de una composición poética simbolista, autorreferencial y con algunos detalles humorísticos. En ella, Soloviev relata tres encuentros con una enigmática figura femenina, ocurridos en Moscú (1862), en la Biblioteca del Museo Británico (1875) y en Egipto (1876).

Buenos Aires, año 2025

* * *

No llames soberanos a la muerte y al tiempo,
Aunque de ellos esta tierra sea el reino.
Todo da vueltas y en la bruma desaparece;
Inamovible sólo el sol del amor permanece.

17 de septiembre de 1887. Vladimir Soloviev

* * *

ARTÍCULO PRIMERO
(Notas preliminares)

I

Usualmente el sentido del amor sexual se coloca en la reproducción de la especie para la cual esta reproducción es un medio. Pienso que esta opinión no es correcta: no solo basándome en algún concepto ideal, sino sobre todo en virtud de hechos históricos y naturales. La reproducción de los seres vivos puede darse sin el amor sexual, lo que ya resulta claro en el hecho de que ella existe también sin la separación de los sexos. Una considerable cantidad de organismos vivientes del reino animal y vegetal se reproducen asexualmente: por división celular, gemación, esporas, injerto. Es verdad que las formas superiores de ambos reinos orgánicos se reproducen por el medio sexual. Sin embargo, los organismos que se reproducen así, los vegetales y en parte los animales, primero *pueden* reproducirse también asexualmente (injerto en plantas, partenogénesis en los insectos superiores), y segundo, dejando eso de lado y tomando como una regla general que los organismos superiores se reproducen por medio de unión sexual, debemos concluir que este factor sexual no está relacionado con la reproducción en general (que puede existir también sin él), sino con la reproducción de los organismos *superiores*. Por consiguiente, el sentido de la separación de sexos (y del amor sexual) no hay que buscarlo en absoluto en la idea de la vida de la especie y su reproducción, sino solo en la idea de organismo superior. Al respecto, encontramos una impactante confirmación en el siguiente hecho relevante. Entre los animales que se reproducen exclusivamente por medio de la unión sexual (vertebrados), cuanto más alto subimos por la escala jerárquica de organismos, tanto disminuye la fuerza reproductiva, pero en cambio aumenta la fuerza de la atracción sexual. En la clase más baja de este grupo, entre los peces, la reproducción es numéricamente enorme: los embriones generados anualmente por cada hembra se cuentan por millones; estos embriones son fecundados por un macho *fuera* del cuerpo de la hembra. La forma en que esto se hace no permite suponer una fuerte atracción sexual. Entre todos los vertebrados esta clase de ectotermos sin duda se reproduce más que otros, pero manifiesta menos pasión sexual que otros. En la siguiente categoría, entre los anfibios y reptiles, la reproducción ya no es tan grande como entre los peces, aunque a causa de algunas especies esta clase se coloca en la Biblia entre los seres que pululan (*sheretz shirtzu*)[2]; pero con menor reproducción, en estos animales ya encontramos relaciones entre los sexos más estrechas. Las aves tienen una fuerza reproductiva mucho menor comparándola no solo con los peces, sino también, por ejemplo, con las ranas, en cambio, la atracción sexual y la afición recíproca entre macho y hembra alcanzan un desarrollo desconocido en estas dos clases inferiores. La reproducción de los mamíferos –o vivíparos– es notablemente más débil que la de las aves, mientras que

---

2   N. del T.: Gen 1, 20.

la atracción entre los sexos es muy intensa, aunque en la mayoría de las especies, menos constante. Por fin, entre los humanos la reproducción se realiza en menor número comparando con todo el reino animal, pero el amor sexual llega a su máxima importancia y mayor fuerza uniendo en el más alto grado la constancia de la relación (como entre las aves) y la intensidad de la pasión (como entre los mamíferos). Entonces, entre el amor sexual y la reproducción hay una *relación inversa*: cuanto más fuerte es uno, más débil es el otro. En general, todo el reino animal, considerado desde este punto de vista, se desarrolla en el siguiente orden: abajo está la gran fuerza de reproducción con ausencia completa de algo parecido al amor sexual (con excepción de la separación de los sexos); luego, en los organismos más desarrollados aparece la diferenciación sexual y, en correspondencia con eso, alguna atracción sexual, que en principio es muy débil, y va creciendo paulatinamente en los siguientes grados del desarrollo orgánico a medida que disminuye la fuerza de reproducción (es decir, está en relación directa con la perfección de la organización y en relación inversa con la fuerza de la reproducción); hasta que, por fin, en los seres humanos resulta posible un fuerte amor sexual incluso con la ausencia completa de reproducción. Y si de este modo en los dos extremos de la vida animal encontramos, por un lado la reproducción sin ningún amor sexual, por otro lado un amor sexual sin ninguna reproducción, entonces es totalmente claro que estos dos fenómenos no pueden ser colocados en una relación inescindible, es claro que cada uno de ellos tiene su significado autónomo y que el sentido de uno no puede consistir en ser medio del otro. Lo mismo resulta si consideramos el amor sexual exclusivamente en el mundo humano, donde aquel toma un carácter individual incomparablemente más grande que en el mundo de los animales, y en virtud del cual *precisamente esta* persona de otro sexo tiene para el amante un significado incondicional como meta en sí única e insustituible.

II

Aquí nos encontramos con una teoría[3] popular que al reconocer en general el amor sexual como el medio del instinto de preservación de la especie o como el instrumento de reproducción, trata de explicar en particular la individualización del sentido del amor en el hombre como cierta astucia o seducción utilizada por la naturaleza o por la voluntad universal para lograr sus metas particulares. En el mundo humano, donde las particularidades individuales adquieren un significado mucho mayor que en el reino animal y vegetal, la naturaleza (la voluntad universal o la voluntad en la vida, o bien el inconsciente o supraconsciente espíritu universal) tiene la intención no solo de preservar la especie, sino también de realizar dentro de sus límites una multitud de posibles tipos particulares o de clase, y de caracteres individuales. Pero además de esta meta general, la manifestación de la plena diversidad de formas posibles, la vida de la humanidad se comprende como un proceso histórico, tiene como tarea la elevación y perfección de la naturaleza humana. Para ello no es suficiente que haya gran cantidad de distintos tipos humanos en la medida de lo posible, sino que se requiere que aparezcan en el mundo los *mejores* de ellos, que además de tener valor en sí mismos como tipos individuales, lo tengan por su acción elevadora y

---

3 N. del T.: Referencia a postulados de Arthur Schopenhauer.

perfeccionadora sobre los demás. Entonces en la reproducción del género humano aquella fuerza, como sea que la nombremos, que mueve el proceso universal e histórico, está interesada no solo en que nazcan ininterrumpidamente individuos humanos según su especie, sino en que nazcan *estos* individuos determinados y, de ser posible, significativos. Y para eso ya no es suficiente una simple procreación por vía de una unión accidental e indiferente de individuos de sexo opuesto: para la generación individualmente determinada es necesaria la unión de unos progenitores individualmente *determinados*, y por consiguiente ya no es suficiente la atracción sexual general que sirve para la reproducción de la especie en los animales. Ya que en la humanidad no se trata simplemente de la propagación de la prole en general sino también de la propagación de *esta* prole que es la más apta para las metas universales, y ya que una persona dada puede procrear esta prole necesaria, no con cualquier persona del otro sexo, sino solo con una determinada, entonces esta última tiene que tener para aquella una fuerza atractiva especial, tiene que parecerle algo exclusivo, irreemplazable, único y capaz de brindarle felicidad suprema. He aquí precisamente esta individualización y exaltación del instinto sexual en que se diferencia el amor humano del animal, pero este amor humano, así como también sucede con los animales, se excita en nosotros por una fuerza externa aunque pueda ser suprema, para alcanzar sus propias metas ajenas a nuestra consciencia personal, se excita como una fatal pasión irracional que se apodera de nosotros por un tiempo y desaparece como un espejismo cuando ya no hay necesidad de él[4].

---

4   He expuesto el contenido esencial del punto de vista, que rechazo,

Si esta teoría fuese verdadera, si la individualización y la exaltación del sentimiento amoroso tuvieran todo su sentido, toda su causa única y su meta fuera de este sentimiento, es decir, precisamente en las cualidades requeridas (para las metas universales) de la prole, entonces por lógica seguiría que el grado de esta individualización y exaltación amorosa, o bien la fuerza del amor, estarían en relación directa con el grado de tipicidad e importancia de la prole que resulta de él: cuanto más importante es la prole, más fuerte debería ser el amor de los padres y, recíprocamente, cuanto más fuerte es el amor que une a dos personas determinadas, más admirable prole deberíamos esperar de ellos, de acuerdo a esta teoría. Si en líneas generales el sentimiento amoroso se excita por la voluntad universal para obtener la prole requerida y no es sino un *medio* para su procreación, entonces es claro que en cada caso particular la fuerza del medio que utiliza el motor cósmico debería ser proporcionada a la importancia de la meta a alcanzar. Cuanto mayor sea el interés de la voluntad universal en que aparezca en el mundo determinada obra, tanto más debería atraer entre sí a los hacedores necesarios y unirlos. Supongamos que se trata del nacimiento de un genio universal que va a tener un enorme significado en el proceso histórico. La fuerza superior que maneja este proceso evidentemente estará tanto más interesada en este nacimiento en comparación con los otros, cuanto más infrecuente sea el fenómeno de la aparición de este genio universal en comparación con

---

tal como aparece en la obra de Schopenhauer, Hartmann y otros, sin detenerme en divergencias secundarias. En un opúsculo editado hace poco, "El motor principal de la herencia" (Moscú, 1891), Walter trata de probar con hechos históricos que los grandes hombres son frutos de un fuerte amor recíproco.

los mortales comunes y corrientes, y por consiguiente tanto mayor debería ser la atracción sexual en comparación con la usual, y por medio de ella la voluntad universal (de acuerdo a esta teoría) se aseguraría en tal caso el logro de esta importante meta suya. Por supuesto, los defensores de esta teoría pueden rechazar el pensamiento sobre la relación cuantitativa exacta entre la importancia de tal persona y la fuerza de la pasión de sus padres, ya que estos asuntos no permiten una medición exacta; pero es totalmente incuestionable (desde el punto de vista de esta teoría) que si la voluntad universal está *extraordinariamente interesada* en el nacimiento de una persona, esa voluntad tiene que tomar *medidas extraordinarias* para lograr el resultado deseado, es decir, según se infiere en esta teoría, tiene que excitar en los padres una pasión *extraordinariamente fuerte* capaz de superar todos los obstáculos para su unión.

Sin embargo, en la vida real, nosotros no encontramos nada semejante, ninguna relación entre la fuerza de la pasión amorosa y la importancia de la prole. Ante todo, encontramos un hecho totalmente inexplicable para esta teoría, y es que el amor más fuerte muy a menudo suele no ser correspondido y no solo no produce una gran prole, sino que no produce ninguna. Si como consecuencia de tal amor la gente ingresa a un monasterio o termina suicidándose, entonces, ¿por qué razón en este caso estaba esmerándose la voluntad universal supuestamente interesada en una prole? Pero incluso si el ardiente Werther[5] no se hubiera matado, su desdichada pasión, sin

---

5   Aquí y en adelante ilustro principalmente mi razonamiento con ejemplos de obras de los grandes poetas. Ellas son preferibles a los ejemplos de la vida real, ya que representan tipos genéricos y no fenómenos particulares.

embargo, seguiría siendo un enigma inexplicable para la teoría de la prole cualificada. El amor extraordinariamente individualizado y exaltado de Werther[6] hacia Charlotte mostraba (desde el punto de vista de esta teoría) que precisamente con Charlotte él tendría que haber dado a la humanidad una prole especialmente importante y necesaria por la cual la voluntad universal hubo de excitar en él esta extraordinaria pasión. Pues ¿cómo esta omnisciente y omnipotente voluntad no adivinó y no pudo accionar en el sentido deseado sobre Charlotte, sin la participación de la cual la pasión de Werther era completamente inútil e innecesaria? Para la sustancia que actúa teleológicamente *love's labour lost*[7] es un absurdo total.

Un amor particularmente fuerte, en gran parte suele ser desdichado, y el amor desdichado, muy habitualmente conduce al suicidio de una u otra forma; y cada uno de estos numerosos suicidios a causa del amor desdichado refuta claramente esta teoría según la cual este fuerte amor se excita a toda costa solamente para producir la prole deseada, cuya importancia se señala por la fuerza de este amor, mientras que, en realidad, en todos estos casos, precisamente la fuerza del amor excluye la misma posibilidad no ya de una prole importante, sino de cualquier prole.

Los casos de amor no correspondido son demasiado habituales para ver en ellos no más que excepciones que pueden quedar sin atención. Pero incluso si así fuera, esto contribuiría poco al asunto, ya que también en aquellos

---

6 N. del T.: Se refiere a *Las penas del joven Werther*, de Johann Wolfgang von Goethe (1774).

7 N. del T.: Alusión a la comedia de William Shakespeare *Trabajos de amor perdidos* (circa 1595).

casos donde el amor especialmente fuerte se presenta de ambos lados, no conduce a lo que esta teoría exige. Según esta teoría, Romeo y Julieta deberían haber engendrado en congruencia con su gran y correspondida pasión una gran persona, por lo menos un Shakespeare, pero en realidad, como se sabe, fue al revés: no fueron ellos los que crearon a Shakespeare, como debería haber sido según la teoría, sino que él los creó y además sin pasión alguna, por la vía del arte asexual. Romeo y Julieta, como también la mayoría de los amantes pasionales, murieron sin engendrar a nadie; en cambio Shakespeare, que los engendró, nació, como también otras grandes personalidades, no de una pareja locamente enamorada, sino de un matrimonio común y corriente (y aunque él mismo tuvo una pasión amorosa fuerte, como puede verse, a propósito, en sus sonetos, no resultó de ella ninguna prole notable). El nacimiento de Cristóbal Colón fue quizás aun más importante para la voluntad universal que el nacimiento de Shakespeare, pero nosotros no sabemos nada de algún amor especial de sus padres, y en cambio sí sabemos sobre su propia fuerte pasión hacia Doña Beatriz Enríquez, y aunque él tuvo con ella un hijo ilegítimo, Diego[8], este hijo no hizo nada grande, solamente escribió la biografía de su padre, lo que podría haber hecho también cualquier otro.

Si todo el sentido del amor radica en la prole y una fuerza suprema maneja los asuntos amorosos, entonces, ¿por qué esta en vez de tratar de unir a los amantes, por el contrario, como si fuera adrede, impide esta unión,

---

8 N. del T.: Soloviev escribió por error el nombre Diego, en lugar de Hernando. El hijo de Cristóbal Colón y de Beatriz Enríquez fue Hernando Colón, autor de *Historia del Almirante*. La madre de Diego Colón fue Felipa Moniz Perestrelo, y Beatriz cuidó del muchacho luego de la muerte de esta.

como si su tarea consistiera precisamente en quitarles a los verdaderos amantes la misma posibilidad de la prole? Esta fuerza los obliga por una fatal equivocación a sepultarse en cavernas, anegarse en el Helesponto, y por toda suerte de artificios los conduce a un fin prematuro e infecundo[9]. Y en aquellos raros casos en que un fuerte amor no toma un giro trágico, cuando una pareja enamorada felizmente llega a vivir hasta la vejez, sin embargo queda infecunda. La verdadera intuición poética de la realidad obligó a Ovidio y a Gogol a dejar sin descendencia a Filemón y Baucis[10], y a Afanasy Ivanovich y Puljeria Ivanovna[11].

Es imposible reconocer una correspondencia directa entre la fuerza de un amor individualizado y la importancia de la prole, cuando la misma existencia de esta prole en un amor así es una rara contingencia. Como hemos observado, 1) un amor fuerte muy a menudo resulta no correspondido; 2) cuando hay correspondencia, una pasión fuerte conduce a un fin trágico, sin llegar a la procreación de la prole; 3) un amor feliz, si es muy fuerte, asimismo queda habitualmente infecundo. Y en aquellos raros casos en que un amor extraordinariamente fuerte engendra una prole, esta resulta ser común y corriente. Como regla general, casi sin excepciones, puede afirmarse que una intensidad particular del amor sexual, excluye la prole, o bien la concede, pero la importancia de esta de ningún modo corresponde a la intensidad del sentimiento amoroso y del carácter exclusivo de las relaciones generadas por él.

---

9 N. del T.: Referencias a *Las metamorfosis*, de Ovidio.
10 N. del T.: Idem.
11 N. del T.: Referencia a los protagonistas de "Propietarios del viejo mundo", de Gogol.

Ver el sentido del amor sexual en una procreación conveniente, significa reconocer este sentido solamente en los casos donde este mismo amor está ausente, o bien donde está presente, quitar de él cualquier sentido y cualquier justificación. Esta supuesta teoría del amor confrontada con la realidad se presenta no como explicación, sino como renuncia a cualquier explicación.

III

La fuerza que gobierna la vida de la humanidad, a la cual unos llaman voluntad universal, otros espíritu inconsciente y que en realidad es la divina Providencia, sin duda regula a su tiempo los nacimientos de las personas providenciales, necesarias para sus objetivos, preparando durante largas series de generaciones convenientes combinaciones de progenitores en vista de creaciones no solo próximas, sino también lejanas. Para esta selección providencial de los progenitores se utilizan muy diversos medios, pero el amor en su sentido propio, es decir, una atracción sexual exclusiva, individualizada y exaltada, no pertenece al número de ellos. La historia bíblica con su profundo realismo verdadero que no excluye, sino que encarna el sentido ideal de los hechos en sus pormenores empíricos, en este caso y como siempre, da testimonio verdadero e instructivo para cada hombre no privado de sentido histórico y artístico, cualquiera sea su creencia religiosa.

El hecho central de la historia bíblica, el nacimiento del Mesías, presupone más que cualquier otro un plan providencial en la elección y en la unión de los progenitores sucesivos, y realmente, el principal interés de los relatos bíblicos se concentra en diferentes y sorprendentes destinos con los cuales se arreglan nacimientos y uniones de los "teopadres"[12]. Pero en todo este complejo sistema de medios que determinaron en el orden de los hechos históricos el nacimiento del Mesías, para el amor en el sentido propio no hubo lugar; el amor, por supuesto se encuentra en la Biblia, pero solo como un hecho autónomo y no como un instrumento del proceso cristogónico. El libro sagrado no dice si Abraham se casó con Sara por la fuerza de un amor ardiente[13], pero en todo caso la Providencia esperó hasta que este amor se enfriara totalmente para producir de padres centenarios un hijo de la fe y no del amor. Isaac se casó con Rebeca no por amor, sino por una decisión y un plan de su padre elaborados de antemano. Jacob amaba a Raquel, pero este amor resultó inútil para la generación del Mesías. Él tenía que descender del hijo de Jacob, Judá, quien nació no de Raquel, sino de Lea, no amada. Para la procreación del ancestro del Mesías en esta generación era necesaria la unión de Jacob precisamente con Lea, pero para lograr esta unión, la Providencia no excita en Jacob una fuerte pasión amorosa hacia la futura madre del "teopadre" Judá; sin violentar el sentimiento del corazón, la fuerza suprema lo deja amar a Raquel, pero para la unión necesaria con Lea utiliza un medio de otra índole: la astucia egoísta de una tercera persona, Labán, guiado por intereses económicos y de familia. El mismo Judá, para la procreación de los siguientes ancestros del Mesías, aparte de su descendencia anterior, tenía que unirse a edad

---

12 Así se denomina en lenguaje eclesiástico principalmente a san Joaquín y a santa Ana, pero también otros ancestros de la Madre de Dios reciben ese nombre en las obras de algunos autores eclesiásticos.

13 Por lo visto, esto se excluye por la conocida aventura en Egipto, que en el caso de un amor fuerte hubiera sido psicológicamente imposible.

avanzada con su nuera Tamar. Ya que tal unión no era conforme al orden establecido en absoluto, y no pudo efectuarse en condiciones normales, entonces la meta se logra por medio de una aventura sumamente extraña, bastante indecente para un lector superficial de la Biblia. En esta aventura no cabe ningún amor. No fue amor lo que unió a Raab, la ramera de Jericó, con un hebreo forastero; ella se entrega a él primero por su oficio, y luego esta unión fortuita se consolida por la fe de ella en la fuerza del nuevo Dios y por el deseo de la protección de este Dios para sí misma y para los suyos. No fue amor lo que unió al bisabuelo de David, el anciano Booz, con la joven moabita Rut; y no de un amor profundo y auténtico sino solo del antojo casual y pecaminoso de un rey que envejecía nació Salomón.

En la historia sagrada, como también en la historia general, el amor sexual no es medio ni instrumento de los objetivos históricos; este no sirve al género humano. Por eso, cuando el sentimiento subjetivo nos dice que el amor es un bien autónomo, que tiene su propio valor incondicional para nuestra vida personal, entonces a tal sentimiento corresponde también un hecho de la realidad objetiva: que un fuerte amor individual nunca es un instrumento útil para los objetivos de la procreación, que se logran sin él. En la historia general, así como también en la sagrada, el amor sexual (en el sentido propio) no cumple ningún rol y no afecta directamente el proceso histórico: su valor positivo tiene que radicar en la vida individual.

Pues ¿qué sentido tiene que tener en ella?

ARTÍCULO SEGUNDO

I

Para los animales, así como para el hombre, el amor sexual es el florecimiento más alto de su vida individual. Pero como en los animales la vida de la especie decididamente predomina sobre la vida individual, también entonces la máxima intensidad de esta última se orienta no más que a la utilidad del desarrollo de la especie. No es que la atracción sexual sea solamente un medio para la mera reproducción y multiplicación de los organismos, sino que sirve para la procreación de los organismos *con mayor grado de perfección* mediante la rivalidad sexual y la selección. El mismo significado intentaron atribuirlo también al amor sexual en el mundo humano, pero, como vimos, gratuitamente, puesto que en la humanidad la individualidad tiene un valor independiente, y en su máxima expresión no puede ser solo una herramienta para lograr metas del proceso histórico ajenas a tal individualidad. O mejor dicho, el verdadero objetivo del proceso histórico no es de tal índole que la individualidad humana pueda servirle como un mero instrumento pasivo y efímero.

La convicción en la dignidad incondicional del hombre no se basa en nuestra presunción, tampoco en el hecho empírico de que no conocemos otra criatura más perfecta en el orden de la naturaleza. Esta suprema dignidad del hombre consiste sin duda en la forma (imagen) absoluta de la consciencia *racional* que le es propia. Al igual que el animal, el hombre es consciente de los estados pasados y presentes, observa entre ellos determinadas relaciones y de acuerdo a estas anticipa mediante el uso de su razón los estados futuros, pero *además* tiene capacidad para evaluar sus propios estados, acciones y distintos hechos en general, no solo relacionándolos con otros hechos singulares, sino también con las normas ideales universales. La consciencia del hombre se determina con los hechos de la vida, y además, con la *razón de la verdad*. Conformando sus acciones con esta consciencia suprema, el hombre puede perfeccionar infinitamente su vida y su naturaleza, *sin salir de los límites de la forma humana*. Precisamente por eso, él es la criatura más alta del mundo natural, y el fin real del proceso creador; ya que aparte del Ser que por sí mismo es la verdad eterna y absoluta, entre todos los otros seres, el que es capaz de conocer la verdad y realizarla en sí mismo es el más alto, no en sentido relativo, sino incondicional. ¿Qué base racional se puede inventar para crear otras formas esencialmente más perfectas cuando ya hay una que es capaz de perfeccionarse infinitamente y que puede encerrar en sí toda la plenitud del contenido absoluto? Con la aparición de tal forma, el siguiente proceso puede consistir solo en nuevos grados de su propio desarrollo, y no en su sustitución por alguna criatura de otra clase, u otras formas de existencia desconocidas. En eso radica la diferencia esencial entre los procesos cosmogónico e histórico. El primero hace surgir (antes de la aparición del hombre) una y otra vez nuevas especies de seres, con lo cual los anteriores en parte se destruyen, como experiencia fallida, en parte coexisten con las nuevas formas sucesivas y accidentalmente chocan entre sí, sin formar ninguna unidad *real* debido a la ausencia en ellas de una consciencia común que pudiera unir a los seres entre sí y con el pasado cósmico. Tal consciencia común surge en la humanidad. En el mundo de los animales la sucesión de las formas superiores de las inferiores con toda su corrección y concierto es un hecho para ellos mismos sin duda inexistente en absoluto, externo y ajeno: un elefante y un mono no pueden saber nada sobre el complejo proceso de transformaciones geológicas y biológicas que condicionaron su aparición real en la tierra; el nivel relativamente elevado de desarrollo de la consciencia particular y singular no implica aquí ningún progreso en la consciencia *universal*, la cual está ausente por completo tanto en esos animales inteligentes como en una estúpida ostra; el cerebro complejo del mamífero superior sirve tan poco para la ilustración de la naturaleza en su integridad como los rudimentarios ganglios nerviosos de un gusano. En la humanidad, por el contrario, por medio de la elevada consciencia individual, religiosa y científica está progresando la consciencia universal. Aquí la mente individual, además de ser el órgano de la vida personal, es también el órgano de la memoria y de la previsión para toda la humanidad, incluso para toda la naturaleza. Aquel hebreo que escribió: "*Este es el libro del origen del cielo y de la tierra*" ('ellé tol'doth hashammaim ve haarez)[14], y después: "*Este es el libro de la generación del hombre*" (ze sefer tol'doth haadam)[15], expresó no solo su consciencia personal y la del pueblo, sino que a través de él, por primera vez en el mundo resplandeció la verdad de la

---

14 N. del T.: Gen 2, 4.
15 N. del T.: Gen 5, 1.

unidad universal y omnihumana¹⁶. Y todas las conquistas ulteriores de la consciencia no consisten sino en el desarrollo y la realización de esta verdad, ellas no pueden salir de esta forma *que lo abarca todo*, y no hay razón para que lo hagan; ¿qué otra cosa pueden hacer la astronomía y la geología más modernas sino reconstruir completamente la génesis del cielo y de la tierra? De la misma manera, la tarea más alta del conocimiento histórico puede ser solo reconstruir "el libro de la generación del hombre", es decir, el sucesivo vínculo genético en la vida de la humanidad, y finalmente, nuestra actividad creativa no puede tener otra meta superior que realizar en las imágenes sensibles esta unidad de los cielos, de la tierra y del hombre creada y proclamada desde el principio. *Toda la verdad*, la unidad positiva de todo, está puesta en la consciencia viva del hombre y paulatinamente se realiza en la vida de la humanidad con la sucesión consciente (ya que la verdad que *no recuerda su origen* no es verdad). Gracias a la extensibilidad sin límite y a la inseparabilidad de su consciencia sucesiva, el hombre, permaneciendo él mismo, puede conocer y realizar toda la ilimitada plenitud del ser, y por eso no es necesaria y no es posible ninguna clase de criatura superior para sustituirlo. Dentro de los límites de su realidad concreta, el hombre es solo una parte de la naturaleza, pero él constante y progresivamente rompe esos límites; en sus frutos espirituales, religión y ciencia, moral y arte, él se revela como el centro de la consciencia universal de la naturaleza, como el alma del mundo, como

---

16 Si alguien dice que estas palabras son de inspiración divina, esto no será una objeción, sino la traducción de mi pensamiento al idioma teológico.

la potencia de la *panunidad*[17] absoluta que se realiza, y por consiguiente, más alto que él solamente puede estar el mismo absoluto en su acto perfecto o en su ser eterno, es decir, Dios.

II

La ventaja del hombre frente a otras criaturas de la naturaleza, su capacidad de conocer y realizar la verdad, no es solamente de la especie, sino que también individual: *cada* persona es capaz de conocer y realizar la verdad, cada uno puede llegar a ser un reflejo vivo de la totalidad absoluta, un órgano consciente e independiente de la vida universal. En el resto de la naturaleza también está la verdad (o la imagen de Dios), pero meramente en su generalidad objetiva, ignorada por las criaturas particulares; la verdad las forma y actúa en ellas y a través de ellas como una fuerza fatal, como una ley de su existencia invisible para ellas mismas, a la cual ellas obedecen involuntaria e inconscientemente. Para sí mismas, en su sentimiento y consciencia interior, ellas no pueden levantarse sobre su existencia particular dada, se encuentran solo en su propia particularidad separadas del *todo*, por consiguiente, fuera de la verdad; y por eso, la verdad o lo universal puede triunfar aquí solamente en el cambio sucesivo de generaciones, en la persistencia de la especie y en la muerte de una vida individual que no es capaz de contener en sí la verdad. Por el contrario, la individualidad humana precisamente por poder contener en sí la verdad, no se anula por ella sino que se mantiene y se fortalece en el triunfo de la verdad.

Pero para que un ser individual encuentre en la verdad, es decir, en la panunidad, su justificación y su

---

17 N. del T.: Calco del idioma ruso: unidad del todo.

afirmación, no es suficiente de su parte que haya únicamente consciencia de la verdad: él tiene que estar en la verdad. Original y espontáneamente el individuo humano, así como el animal, no está en la verdad: se encuentra como una parte separada del todo universal y afirma su existencia parcial en el egoísmo, como totalidad para sí; quiere ser todo, separado de todo lo demás, fuera de la verdad. El egoísmo como principio real y basal de la vida individual, la penetra y la dirige completamente, determinando todo en ella de modo concreto, y por eso el mero conocimiento teórico de la verdad no puede de modo alguno vencerlo y abolirlo. Hasta que en el hombre la fuerza viva del egoísmo no se encuentra con otra fuerza viva que le es contraria, la consciencia de la verdad no es más que una iluminación externa, reflejo de una luz ajena. Si el hombre pudiera contener la verdad solamente en tal sentido, entonces el vínculo entre la individualidad del hombre y la verdad no sería interno e inquebrantable. Su propio ser, al quedarse como los animales fuera de la verdad, estaría como estos destinado (en su subjetividad) al aniquilamiento, permaneciendo únicamente como una idea en el pensamiento del Intelecto absoluto.

La verdad, como fuerza viva que toma posesión del ser interior del hombre y que efectivamente lo hace salir de su falsa autoafirmación se llama amor. El amor como abolición real del egoísmo es una real justificación y salvación de la individualidad. El amor es superior a la consciencia racional, pero sin ella, no podría actuar como una fuerza interior salvadora que exalta la individualidad y no la suprime. Únicamente gracias a la consciencia racional (o lo que es lo mismo, la consciencia de la verdad), el hombre puede hacer distinciones en sí mismo, esto es, distinguir la verdadera individualidad de su egoísmo, y por eso sacrificando ese egoísmo, entregándose a sí mismo al amor, encuentra así no solo una fuerza viva sino también vivificante, no pierde con su egoísmo su ser individual, sino por el contrario, lo hace eterno. En el mundo animal, por la ausencia de consciencia racional propia, la verdad que se realiza en el amor, al no encontrar en ellos un punto de apoyo interior para su acción, no puede más que actuar directamente como una fatal fuerza externa que se vale de ellos como de instrumentos ciegos para alcanzar metas universales ajenas; aquí el amor aparece como triunfo unilateral de la especie sobre el individuo, puesto que en los animales su individualidad coincide con el egoísmo en la inmediatez de la existencia particular y por eso perece junto con él.

III

El sentido del amor humano en general es la *justificación y salvación de la individualidad mediante el sacrificio del egoísmo*. Sobre esta base general, podemos resolver también nuestra cuestión específica: explicar el sentido del amor sexual. Pues no en vano a las relaciones sexuales no solo se las llama amor, sino también según la opinión general representan el amor por excelencia, y son tipo e ideal de cualquier otro amor (ver el *Cantar de los cantares* y el *Apocalipsis*).

La mentira y el mal del egoísmo no consisten en modo alguno en que el hombre tenga una valoración demasiado alta de sí mismo, se atribuya una importancia incondicional y una dignidad infinita: en esto él tiene razón, ya que cada sujeto humano como centro independiente de fuerzas vivas, como potencia (posibilidad) de la perfección infinita, como un ser capaz de contener en su consciencia y en su vida la verdad absoluta, cada hombre en esta calidad tiene una importancia y una dignidad que no son relativas, cada hombre es algo totalmente insustituible y no puede tener una valoración demasiado alta de sí mismo (según palabra evangélica: ¿Qué dará el hombre a cambio de su alma[18]?). La falta de reconocimiento de esta propia importancia incondicional equivale a renunciar a la dignidad humana; es un error fundamental y el principio de cada falta de fe: quien es tan pusilánime que incluso no es capaz de creer en sí mismo, ¿cómo puede creer en otra cosa? La principal mentira y el mal del egoísmo no consiste en esta autoconsciencia absoluta y en esta autoapreciación del sujeto, sino en que atribuyéndose a sí mismo con justicia una importancia incondicional, él niega injustamente a los otros esa importancia; reconociéndose a sí mismo como el centro de la vida, lo que es en realidad, él coloca a los otros en la periferia de su existencia y no les concede otro valor que no sea externo y relativo.

Por supuesto, en la consciencia abstracta y teorética, cada hombre que no se haya vuelto loco, siempre admite una igualdad completa de sí mismo con otros; pero en la consciencia vital, en su sentimiento interno y en la realidad, él afirma una enorme diferencia, una radical inconmensurabilidad entre los otros y él mismo: él por sí mismo es todo, ellos por sí mismos no son nada. Entretanto, precisamente con tal exclusiva autoafirmación del hombre, él no puede ser aquello que afirma. Aquella importancia incondicional, aquella absolutez, que él con justicia suele reconocer para sí mismo, pero que de modo injusto niega a los otros, tiene en sí un carácter solo potencial, no es más que una posibilidad que requiere su realización. Dios *es* todo, es

---

18 N. del T.: Mt 16, 26.

decir, posee en un acto absoluto todo el contenido positivo, toda la plenitud del ser. El hombre (en general y cada hombre individual en particular), siendo efectivamente *él* y no *otro*, puede *ser* todo, pero solo quitando de su consciencia y de su vida ese límite interno que lo separa de aquel otro. "Él" puede ser "todo" únicamente *junto con otros*, solo junto con otros puede realizar su importancia incondicional, ser una parte no separable y no sustituible del todo panunitario, ser órgano independiente, vivo y singular de la vida absoluta. La individualidad verdadera es cierta imagen determinada de la panunidad, cierto modo determinado de percibir y asimilar todo lo demás. Afirmándose fuera del todo, el hombre quita así el sentido de su propia existencia, se priva del contenido verdadero de la vida y convierte su individualidad en una forma vacía. De este modo, el egoísmo de ninguna forma es autoconsciencia y autoafirmación de la individualidad, sino por el contrario, es autonegación y aniquilamiento.

Las condiciones físicas y metafísicas, históricas y sociales de la existencia humana transforman y mitigan de diversas maneras nuestro egoísmo, colocando fuertes y diferentes obstáculos para evitar que se manifieste en forma pura y con todas sus terribles consecuencias. Pero todo este complejo sistema de obstáculos y correctivos predispuesto por la Providencia y realizado por la naturaleza y por la historia, deja intacta la base misma del egoísmo, que constantemente se muestra tras el velo de la moral personal y social, y en ocasiones se manifiesta con plena claridad. Hay una única fuerza que puede desde adentro, desde la raíz, socavar el egoísmo, y en efecto lo socava, es precisamente el amor y principalmente el amor sexual. La mentira y el mal del egoísmo consisten en el reconocimiento exclusivo de la importancia incondicional para sí mismo y en la negación de esa importancia para los otros; la razón nos muestra que esto no tiene fundamento y es injusto, y el amor en efecto directamente suprime esta postura injusta, obligándonos a reconocer en el otro una importancia incondicional para nosotros mismos ya no en la consciencia abstracta, sino en el sentimiento interno y en la voluntad vital. Conociendo en el amor la verdad del otro no de modo abstracto sino esencial, trasladando de hecho el centro de la propia vida fuera de los límites de la particularidad empírica, así nosotros manifestamos y realizamos nuestra propia verdad, nuestra propia importancia incondicional, la cual consiste precisamente en la capacidad de traspasar las fronteras de la propia existencia real fenoménica y en la capacidad de vivir no ya en uno mismo sino también en el otro.

Cada amor es una manifestación de esa capacidad, pero no todo amor la realiza en igual grado, ni socava el egoísmo radicalmente de igual forma. El egoísmo es una fuerza no solo real, sino fundamental arraigada en el centro más profundo de nuestro ser, y desde ahí impregna y abarca toda nuestra vida, es una fuerza que actúa sin interrupción en todas las particularidades y pormenores de nuestra existencia. Para socavar el egoísmo de modo efectivo hay que contraponerlo al amor, que del mismo modo es concreto, determinado e impregna todo nuestro ser y lo domina por completo. Ese otro que tiene que liberar nuestra individualidad de las cadenas del egoísmo debe tener una correlación con toda esta individualidad. Tiene que ser asimismo un sujeto real y concreto, enteramente objetivado como nosotros mismos, y al mismo tiempo tiene que distinguirse del todo de nosotros para ser realmente otro, es decir, teniendo todo el contenido esencial que nosotros tenemos, tenerlo de otro modo o de otra forma, a fin de que cada manifestación de nuestro ser, cada acto vital encuentre en ese otro la manifestación correspondiente, pero no igual; que la relación entre uno y otro sea un intercambio pleno y constante, plena y constante afirmación de sí mismo en el otro, perfecta interacción y comunicación. Únicamente así el egoísmo será socavado y eliminado no ya en principio, sino también en toda su realidad concreta. Solo con esta, por decirlo así, combinación química de dos seres semejantes y de la misma dignidad, pero *multifacéticamente* diferentes en cuanto a la forma, es posible (tanto en el orden natural como en el espiritual) la creación de un nuevo hombre, la realización efectiva de la individualidad humana verdadera. Tal combinación, o al menos su posibilidad cercana, la encontramos en el amor sexual y por eso le atribuimos una significación exclusiva como base necesaria y no reemplazable de toda la perfección ulterior, como la condición insuprimible y constante, única con la cual el hombre puede estar efectivamente en la verdad.

IV

Reconociendo enteramente la gran importancia y la gran dignidad de otros tipos de amor con los cuales el falso espiritualismo y el impotente moralismo querrían reemplazar el amor sexual, vemos sin embargo que solo este último satisface las dos exigencias principales sin las cuales es imposible la definitiva abolición del egotismo[19] en la completa comunicación vital con el otro. En los

---

19 N. del T.: En el original ruso, el autor utiliza la palabra самость [*samostʲ*], que en lenguaje eclesiástico se refiere a la autoafirmación y opinión exagerada sobre sí mismo.

demás tipos de amor faltan, o bien la semejanza, la igualdad y la interacción entre amante y amado, o la diferencia multifacética de las cualidades que se complementan unas a otras.

Así, en el amor místico el objeto del amor se reduce a fin de cuentas a la indiferencia absoluta que absorbe la individualidad humana; aquí el egoísmo se suprime en un sentido muy insuficiente, se suprime como cuando el hombre cae en un estado de sueño profundo (con el cual en los Upanishad y en el Vedanta se compara o a veces directamente se identifica la unión del alma individual con el espíritu universal). Entre un hombre vivo y el "Abismo" místico de la indiferencia absoluta no solo no puede haber comunicación vital sino que ni siquiera puede darse una mera compatibilidad a causa de la completa heterogeneidad e inconmensurabilidad de las dos magnitudes: si hay aquí un objeto de amor, no hay amante, desapareció, él mismo se perdió, como si hubiera caído en un sueño profundo sin soñar, y cuando vuelve en sí, el objeto del amor desaparece y en vez de la indiferencia absoluta se retoma la diferenciada variedad de la vida real, con el propio egoísmo adornado con orgullo espiritual como fondo. Por otra parte, la historia conoce místicos y escuelas místicas enteras en las que el objeto del amor no se entendía como la indiferencia absoluta, sino que tomaba formas concretas que permitían vínculos vivos con él, pero lo que es bastante significativo, en este caso esos vínculos adquirían la bien clara y netamente expresa impronta del amor sexual.

El amor de los padres, sobre todo el amor materno se acerca al amor sexual por la fuerza del sentimiento y por la concreción del objeto, pero por otras razones no puede tener la misma importancia para la individualidad humana. Este amor está condicionado por el hecho de la procreación y por la ley de la sucesión de generaciones que domina la vida de los animales, pero no tiene o por lo menos no tiene que tener la misma importancia en la vida humana. Entre los animales, la generación sucesiva suprime directa y rápidamente a los predecesores y los delata en el sinsentido de su existencia, para pronto ser delatados a su vez en el mismo sinsentido por su propia descendencia. El amor materno en los humanos, que en ocasiones alcanza un alto grado de autosacrificio, el cual no encontramos en el amor de una gallina, es sin duda un rastro por ahora necesario de tal orden de cosas. En todo caso, es indudable que en el amor materno no puede haber una completa reciprocidad y comunicación vital, ya que la amante y los amados pertenecen a generaciones distintas, y para estos últimos la vida está en el futuro, con nuevas tareas e intereses independientes, en los cuales los representantes del pasado no son más que pálidas sombras. Es suficiente decir que los padres no pueden ser para los hijos la meta de la vida en el sentido en que los hijos lo son para los padres.

Una madre que brinda toda su alma a los hijos, por supuesto sacrifica su egoísmo, pero con eso también pierde su individualidad, y en los hijos, aunque el amor materno sostiene la individualidad de ellos, al mismo tiempo sustenta e incluso refuerza el egoísmo. Además, en el amor materno no hay reconocimiento de la importancia incondicional del amado propiamente dicho, no hay reconocimiento de su verdadera individualidad, puesto que para la madre su cría es lo más caro de todo, pero precisamente por ser *su* cría, no de otra manera que para otros animales. Es decir, aquí el aparente reconocimiento de la importancia incondicional del otro, en realidad está condicionado por el vínculo fisiológico externo.

Otros tipos de sentimientos de simpatía menos aún pueden pretender reemplazar el amor sexual. A la amistad entre dos personas del mismo sexo le falta la diferencia formal multifacética de cualidades que se complementan, y si esta amistad no obstante llega a tener una intensidad especial, entonces se convierte en un sucedáneo antinatural del amor sexual. En lo que se refiere al patriotismo y al amor a la humanidad, estos sentimientos, con toda su importancia, por sí mismos no pueden suprimir el egoísmo en la vida concreta a causa de la inconmensurabilidad entre el amante y el amado: para una persona singular, ni la humanidad, ni siquiera el pueblo pueden ser un objeto concreto como él mismo. Por supuesto, es posible sacrificar la vida por el pueblo o por la humanidad, pero no es posible hacer de sí mismo un hombre nuevo, manifestar y realizar la verdadera individualidad humana basándose en este amor extensivo. Aquí, en el centro real queda su viejo *yo* egoísta, mientras que el pueblo y la humanidad son relegados a la periferia de la consciencia como objetos ideales. Lo mismo puede decirse sobre el amor a la ciencia, al arte y otros de ese tipo.

Habiendo expuesto en pocas palabras el verdadero sentido del amor sexual y su preeminencia sobre otros sentimientos afines, tengo que explicar por qué el amor se actúa en la vida real tan débilmente, y debo mostrar de qué manera es posible su realización completa. De eso me ocuparé en los capítulos siguientes.

ARTÍCULO TERCERO

I

El sentido y la dignidad del amor como sentimiento consiste en que nos obliga a reconocer realmente con todo nuestro ser aquella importancia central e incondicional del *otro* que a causa del egoísmo reservamos para nosotros mismos. El amor es importante no como uno de nuestros sentimientos, sino como traslado de todo nuestro interés vital de nosotros mismos al otro, como una trasposición del mismo centro de nuestra vida personal. Esto es propio de cada amor, pero con preferencia del amor sexual[20]; este se distingue de otros tipos de amor por su mayor intensidad, su carácter más vehemente y su posibilidad de reciprocidad más plena y multifacética; solo este amor puede llevar a la unión real e inquebrantable de dos vidas en una, solo sobre este amor el Verbo divino dice: Los dos serán una sola carne, es decir, serán un solo ser en realidad.

Ese sentimiento exige tal plenitud de la unión íntima y definitiva, pero habitualmente no va más allá de esta exigencia y aspiración subjetivas, y además no resulta

---

20 Llamo amor sexual (a falta de un nombre mejor) a una afición exclusiva (correspondida o no) entre personas de distinto sexo que pueden ser entre ellas marido y mujer, sin intentar en absoluto resolver con esto la cuestión referida al lado fisiológico del asunto.

sino pasajero. En realidad, en lugar de la poesía de la unión eterna y profunda, se realiza un mero acercamiento superficial de dos seres limitados en los márgenes estrechos de la prosa de la vida cotidiana; un acercamiento más o menos íntimo, pero, sin embargo, externo. El objeto del amor no conserva en realidad tal importancia incondicional atribuida por el sueño enamorado. Para una mirada ajena, esto es claro desde el principio; mas los involuntarios aires de mofa que inevitablemente acompañan la actitud de otros hacia los enamorados resultan apenas una anticipación de su propia desilusión. De a poco o de una vez el *pathos* del entusiasmo amoroso pasa, y sería bueno que la energía de los sentimientos altruistas que había aparecido en el entusiasmo amoroso no desapareciera en vano, sino que perdiendo su concentración y su sublimación se trasladara en forma fraccionada y diluida a los hijos que nacen y se educan para la repetición del mismo engaño. Digo "engaño" desde el punto de vista de la vida *individual* y de la importancia incondicional de la persona humana, reconociendo plenamente la necesidad y la utilidad de la procreación y de la sucesión de las generaciones para el progreso de la humanidad en su vida colectiva. Pero el amor propiamente dicho no tiene nada que ver con eso. La coincidencia de una pasión amorosa fuerte con una procreación exitosa es solo una casualidad, y además bastante rara; la experiencia histórica y cotidiana sin duda muestra que los hijos pueden ser felizmente procreados, fervorosamente amados y excelentemente educados por sus padres aunque estos nunca hubieran estado enamorados uno del otro. Por consiguiente, los intereses sociales y universales de la humanidad vinculados con la sucesión de las generaciones no requiere en absoluto el sublime *pathos* del amor. Y entretanto en la vida individual este florecimiento de la vida queda sin fruto. La fuerza original del amor aquí pierde todo su sentido cuando su objeto es degradado desde el centro incondicional de la individualidad eternizada al medio casual y fácilmente sustituible para la procreación de una nueva generación de personas, quizás un poco mejor o quizás un poco peor, pero en todo caso, imperfecta y efímera.

De esta forma, si miramos solo el resultado efectivo del amor, esto es, lo que ocurre habitualmente, entonces habría que considerarlo como un sueño que domina nuestro ser por un tiempo y desaparece sin transformarse en ninguna otra cosa (ya que la procreación no es propiamente asunto del amor). Pero reconociendo, por la fuerza de la evidencia, que el sentido ideal del amor no se concreta en la realidad, ¿tendríamos que considerarlo como *irrealizable*?

Por la misma naturaleza del hombre, que en su consciencia racional, su libertad moral y su capacidad para la autoperfectibilidad tiene posibilidades infinitas, no tenemos derecho a considerar de antemano ninguna tarea, cualquiera que fuera, como irrealizable para él, si esta no tuviera en sí una contradicción lógica interna o bien una incompatibilidad con el sentido general del universo y con la conveniente marcha de la evolución cósmica e histórica.

Sería absolutamente injusto negar la posibilidad de realizabilidad del amor basándose simplemente en que hasta ahora nunca se haya realizado, ya que en la misma condición se encontraban hasta hace algún tiempo tantos otros campos, por ejemplo todas las ciencias y artes, la sociedad civil, el dominio sobre las fuerzas de la naturaleza. Incluso la misma razón antes de convertirse en un hecho en el hombre no fue más que un confuso e infructuoso impulso en el reino de los animales. Cuántas eras geológicas y biológicas tuvieron que pasar con sus fracasados esfuerzos antes de crear un cerebro capaz de ser un órgano idóneo para realizar el pensamiento racional. El amor para el hombre por ahora es lo mismo que era la razón para el mundo animal. Este existe como germen o como disposición, pero aún no como realidad. Y si los enormes períodos universales, testigos de la razón no realizada, no le impidieron realizarse al fin, entonces tanto más la irrealizabilidad del amor a lo largo de relativamente pocos milenios vividos por la humanidad histórica, de ninguna manera nos da derecho a concluir algo en contra de su futura realización. Lo que habría que tener bien presente es que si la consciencia racional apareció en el hombre, pero no a través del hombre, en cambio la realización del amor como un grado superior para la propia vida de la humanidad misma tiene que aparecer no solo en el hombre, sino *a través de él*.

La tarea del amor consiste en *justificar con hechos* el sentido del amor que fue dado primeramente con el sentimiento; es necesaria tal combinación de dos seres limitados concretos que haría de ellos una personalidad ideal absoluta. Esta tarea no solo no contiene en sí ninguna contradicción interna y ninguna incompatibilidad con el sentido del universo, sino que ella nos es directamente encomendada por nuestra naturaleza espiritual, cuya particularidad consiste precisamente en que el hombre puede, permaneciendo él mismo, abarcar en su propia forma el contenido absoluto, convertirse en una personalidad absoluta. Pero para llenarse con el contenido absoluto (que en el lenguaje religioso se denomina vida eterna o reino de Dios), la misma forma humana tiene que restablecer su propia completitud (tiene que ser íntegra). En la realidad empírica tal hombre de ningún modo existe; existe nada más que en una determinada unilateralidad y limitación, como individualidad masculina o femenina (y sobre esta base se desarrollan todas las demás diferencias). Pero un hombre verdadero, en la plenitud de su personalidad ideal, evidentemente no puede ser solo varón o solo mujer, sino que tiene que ser una unidad superior de ambos. Realizar esta unidad o crear un hombre verdadero como libre unidad de los principios masculino y femenino que mantienen su distinción formal, pero superaron su esencial discordia y disgregación, esto es la propia tarea inmediata del amor. Examinando las condiciones necesarias para su realización efectiva, verificaremos que tan solo el incumplimiento de estas condiciones conduce al habitual fracaso al amor y nos lleva a reconocerlo como una ilusión.

II

El primer paso para la solución exitosa de un problema es su juicioso y preciso planteo, pero la cuestión del amor jamás se ha planteado de manera juiciosa, y por eso jamás se ha solucionado como corresponde. Al amor lo miraban y lo miran meramente como un hecho dado, como un estado (normal para unos y mórbido para otros), que atraviesa al ser humano, pero que no lo obliga a nada; es verdad que aquí se vinculan dos tareas: la tarea de la posesión física de la persona amada y la unión de convivencia con ella −esta última conlleva ciertas obligaciones−, pero todo esto obedece a las leyes de la naturaleza animal por un lado y a las normas de la convivencia social por el otro, y el amor, abandonado a sí mismo de principio a fin, desaparece como un espejismo. Por supuesto, el amor es ante todo un hecho de la naturaleza (o un don de Dios), un proceso que surge independientemente de nosotros, pero de esto no se sigue que nosotros no podamos y no tengamos que tratarlo conscientemente y no debamos dirigir de modo activo este proceso natural a las metas supremas. El don de la palabra es también una propiedad natural del hombre; el lenguaje no se inventa, como tampoco el amor. Sin embargo, sería muy triste si consideráramos al lenguaje un mero proceso natural que acontece en nosotros por su cuenta, como si habláramos así como cantan los pájaros y nos entregáramos a las naturales combinaciones de sonidos y palabras para expresar los sentimientos y representaciones que involuntariamente pasan a través de nuestra alma, en vez de hacer de él un instrumento para la producción consecuente de determinados pensamientos, un medio para lograr objetivos racionales y preestablecidos de modo consciente. Con una actitud exclusivamente pasiva e inconsciente hacia el don de la palabra no podrían formarse ni ciencia, ni arte, ni convivencia civil, además, el mismo lenguaje, por el insuficiente ejercicio de este don, no se desarrollaría y quedaría con sus solas manifestaciones primitivas. La significación que tiene la *palabra* para la formación de la sociedad y la cultura humanas, la misma, y aun más, la tiene el amor para la formación de la verdadera individualidad humana. Y si en el primer campo (social y cultural) notamos un indudable progreso, aunque lento, y la individualidad humana, desde el comienzo de los tiempos históricos y hasta ahora permanece invariable en sus límites fácticos, entonces la primera causa de tal diferencia consiste en que consideramos la actividad y las producciones verbales cada vez con mayor consciencia y creatividad, mientras que el amor sigue como antes totalmente relegado al área oscura de los vagos afectos y de los impulsos involuntarios.

Así como la verdadera finalidad de la palabra consiste no en el proceso mismo de hablar sino en *lo que* se dice, esto es, en la revelación de las cosas por la razón mediante palabras y conceptos, asimismo la verdadera finalidad del amor consiste no en la simple experiencia de este sentimiento, sino en lo que acontece por su intermedio, esto es, la obra del amor: para el amor no es suficiente sentir la importancia incondicional del objeto amado, sino que hay que darle o comunicarle efectivamente esta importancia, unirse a él en la consciencia efectiva de la individualidad absoluta. Y así como la tarea suprema de la actividad verbal ya está representada en la misma naturaleza de las palabras, que inevitablemente representan conceptos generales y estables y no impresiones particulares y mutables, y por consiguiente, por ser vínculos que reúnen la multiplicidad nos llevan al entendimiento del sentido universal, del mismo modo, la tarea suprema del amor ya está preestablecida en el sentido amoroso mismo que antes de realizarse inevitablemente introduce su objeto en el campo de la individualidad absoluta, lo ve en la luz ideal, cree en su incondicionalidad. De este modo, en ambos casos (tanto en el campo del conocimiento verbal como en el del amor) la tarea consiste no en inventar uno mismo algo completamente nuevo, sino solo en desarrollar y llevar a cabo lo que ya existe en germen en la naturaleza misma de las cosas, en la base misma del proceso. Pero si la palabra en la humanidad se desarrollaba y sigue desarrollándose, en lo que se refiere al amor, la gente se quedaba y continúa quedándose hasta ahora solamente con sus simientes naturales, e incluso estas se malentienden en su verdadero sentido.

III

Es sabido por todos que en el amor se da de modo necesario una particular *idealización* del objeto amado, el cual se presenta al amante en una luz completamente diferente, no como lo ve el resto de la gente. Aquí hablo de la luz no solo en sentido metafórico; no se trata tan solo de la valoración moral e intelectual, sino además de una particular percepción sensitiva: el amante realmente *ve*, percibe visualmente, algo distinto de lo que perciben otros. Por otra parte, esta luz desaparece pronto también para él, pero, ¿se sigue de esto que tal luz fuera falsa, que no fuera más que una ilusión subjetiva?

El verdadero ser del hombre en general y de cada hombre singular no se agota en sus manifestaciones empíricas dadas; a esta afirmación no puede contraponerse ninguna objeción sólida y racional desde ningún punto de vista. Para el materialista y para el sensualista, no menos que para el espiritualista y el idealista, lo que parece no es idéntico a lo que es, y cuando se trata de dos apariencias de diverso tipo, siempre es lícita la pregunta, ¿cuál de estos tipos coincide más con lo que es o expresa mejor la naturaleza de las cosas?, dado que la apariencia o lo que se ve en general es una efectiva relación o interacción entre el que ve y aquello que se ve, y por consiguiente se determina por sus propiedades recíprocas. Tanto el mundo exterior del hombre como el mundo exterior del topo, ambos constan solo de apariencias o fenómenos relativos; sin embargo, es poco probable que alguien dude seriamente de que uno de estos dos mundos aparentes supera al otro, corresponde mejor a lo que más se acerca a la verdad.

Sabemos que el hombre aparte de su naturaleza animal y material tiene otra ideal, que lo vincula con la verdad absoluta, esto es Dios. Aparte del contenido material o empírico de su vida, cada hombre contiene en sí la imagen de Dios, es decir, una forma particular del contenido absoluto. Esta imagen de Dios la conocemos de forma teórica y abstracta en la razón y mediante la razón, pero en el amor, esta imagen se conoce de forma concreta y vivencial. Y si esta revelación del ser ideal que habitualmente está tapada por el fenómeno material no se limita en el amor solo a un sentimiento interno, sino que a veces también se hace sensible en el ámbito de los sentimientos externos, entonces tenemos que reconocer tanta más importancia al amor como el principio de la restauración visible de la imagen de Dios en el mundo material, principio de la encarnación de la verdadera humanidad ideal. La fuerza del amor transformándose en luz, transfigurando y espiritualizando la forma de los fenómenos externos, nos revela su propio poderío objetivo, y después nos toca a nosotros actuar: nosotros mismos tenemos que entender esta revelación y usarla para que no quede como un rayo fugaz y enigmático de algún misterio.

El proceso físico y espiritual de la restauración de la imagen de Dios en la humanidad material de ninguna manera puede acontecer por sí mismo sin nosotros. Su principio, como también el principio de todo lo bueno en este mundo, surge del campo –para nosotros– oscuro de los procesos y relaciones inconscientes; allí está la simiente y las raíces del árbol de la vida, pero nosotros mismos tenemos que cultivarlo con nuestra propia acción consciente; para empezar es suficiente una pasiva receptividad del sentimiento, pero luego es necesaria una fe activa, heroísmo moral y esfuerzo para retener, reforzar y desarrollar este don del amor luminoso y creativo, a fin de encarnar en sí mismo y en el otro la imagen de Dios mediante este amor, y crear de dos seres limitados y mortales una individualidad absoluta e inmortal. Si la idealización que inevitable e involuntariamente acompaña al amor nos muestra a través de una apariencia empírica una imagen ideal y lejana del objeto amado, esta visión por cierto nos ha sido dada no solo para que la admiremos, sino para que nosotros, con la fuerza de una fe verdadera, de una imaginación activa y de una creatividad real, transformemos la realidad que no corresponda a aquella imagen ideal según el patrón verdadero y encarnemos dicha imagen en un fenómeno palpable.

Pero ¿quién ha pensado alguna vez cosa parecida sobre el amor? Los caballeros y los *Minnesänger*[21] medievales, con su fe firme y con su débil razón, se contentaban con una simple identificación del ideal amado con una persona real determinada, cerrando los ojos a la clara falta de correspondencia. Esta fe fue tan firme, pero asimismo tan estéril, como aquella piedra sobre la cual estaba sentado "siempre en la misma posición" el célebre caballero Von Grinvaldus "frente al castillo de Amalia"[22].

Aparte de una fe como esta, que solo movía a contemplar con veneración y a cantar alabanzas de modo

---

21 N. del T.: Se trata de trovadores germanos medievales (siglos XII al XIV), que al igual que los provenzales (sur de Francia) cantaron principalmente al amor cortés.
22 N. del T.: Alusión a una parodia rusa de la balada "El caballero de Toggenburg", de Friedrich Schiller.

exaltado al ideal encarnado, existente nada más que en la imaginación, el amor medieval fue también vinculado, por supuesto, con la sed de proezas heroicas. Pero estas proezas bélicas y destructivas que nada tenían que ver con el ideal que las inspiraba no podían conducir a su realización. Incluso aquel pálido caballero que se había entregado por completo a la impresión de la belleza celeste que se le había revelado sin mezclarla con los fenómenos terrenos, también se inspiraba en esta revelación solo para acciones que servían más para dañar a los enemigos que para el beneficio y la glorificación de lo "eterno femenino"[23].

Lumen coeli! Sancta Rosa!
Feroz y ardiente clamaba,
y cual trueno su amenaza
musulmanes derrotaba[24].

Para derrotar a los musulmanes, por supuesto no era necesario tener "una visión, inconcebible para la razón". Pero sobre toda la caballería medieval pesaba este desdoblamiento entre las visiones celestes del cristianismo y las fuerzas "feroces y ardientes" de la vida real, hasta que por fin el célebre y último de los caballeros, Don Quijote de la Mancha, después de masacrar muchos carneros y romper no pocas aspas de molinos, pero sin acercar mínimamente a la ordeñadora del Toboso al ideal de Dulcinea, llegó al justo aunque negativo entendimiento de su error; y si aquel caballero típico[25] permaneció fiel a su visión hasta el fin y "murió

---

23 N. del T.: Ver el último verso del *Fausto* de Goethe, en el que se da a entender que lo *eterno femenino* conduce a lo alto.
24 N. del T.: Soloviev cita un fragmento del poema "El pobre caballero", de Aleksandr Pushkin.
25 N. del T.: Se refiere al caballero de Pushkin.

como un loco", Don Quijote en cambio solo pasó de la locura al triste y desesperanzado desencantamiento de su ideal.

Este desencantamiento de Don Quijote fue testimonio de la caballería para la nueva Europa, y actúa en nosotros hasta estos días. La idealización amorosa que dejó de ser fuente de locas proezas no nos inspira otras de ningún tipo. Esta idealización no es sino un señuelo que nos empuja a desear la posesión física y terrenal, y desaparece una vez que este objetivo para nada ideal se ha logrado. La luz del amor no sirve más para nadie como un rayo guiador al paraíso perdido; lo miran como una iluminación fantástica de un breve "prólogo en el cielo"[26] sobre el amor que la naturaleza después apaga en el momento oportuno por ser completamente inútil para la siguiente función terrenal. En realidad, esta luz se apaga por la debilidad y la inconsciencia de nuestro amor, que distorsionan el verdadero orden del asunto.

IV

La unión exterior, terrenal y sobre todo física, no se relaciona específicamente con el amor. Puede existir sin amor, y el amor puede existir sin aquella. Es necesaria para el amor, no como una condición indispensable y una meta independiente, sino solamente como su realización final. Si esta realización se coloca como meta en sí misma, antes del acto ideal del amor, lo destruye. Cada acto o hecho externo por sí mismo es nada; el amor es algo solo en virtud de su sentido, o idea, de restablecer la unidad o integralidad de la personalidad humana, de crear la individualidad absoluta. La significación de los actos y hechos externos vinculados al amor, que en sí mismos son

---

26 N. del T.: Ver la apertura del *Fausto*, de Goethe.

nada, se determinan por su relación con lo que constituye el amor propiamente dicho y su tarea. Cuando un cero se coloca después de un número entero, lo hace diez veces más grande, y cuando se coloca antes de ese número, lo hace diez veces más pequeño o lo fracciona, le quita carácter de número entero, lo transforma en una fracción decimal; y cuantos más ceros se colocan antes del número entero, tanto más reducida es la fracción y tanto más se acerca al cero.

El sentimiento del amor en sí mismo es solo un impulso que nos sugiere que podemos y debemos restablecer la integralidad del ser humano. Cada vez que se enciende esta chispa sagrada en el ser humano, cada criatura gimiente y sufriente espera la primera revelación de la gloria de los hijos de Dios. Pero sin una acción consciente del espíritu humano, la chispa de Dios se apaga, y la naturaleza engañada va creando nuevas generaciones de hijos de los hombres para nuevas esperanzas.

Estas esperanzas no se cumplen hasta que nosotros queramos reconocer completamente y realizar hasta el fin todo lo que exige el amor verdadero, todo lo incluido en su idea. Aun teniendo una disposición consciente hacia el amor y una voluntad resuelta para cumplir su tarea, nos detienen ante todo dos hechos que aparentemente nos condenan a la impotencia y justifican a los que consideran al amor como una ilusión. En el sentimiento del amor de acuerdo a su sentido principal, afirmamos la significación incondicional de la individualidad del otro, y con esto afirmamos también nuestra propia significación incondicional. Pero la individualidad absoluta no puede ser *transitoria* y tampoco puede ser *vacía*. La inevitabilidad de la muerte y la vacuidad de nuestra vida son completamente incompatibles con esta elevada afirmación de la individualidad propia y la del otro que está contenida en el sentido del amor. Este sentimiento, si es fuerte y del todo consciente, no puede conciliarse con la certeza de la inminente decrepitud y muerte de la persona amada, y de la propia muerte. Entretanto, el hecho indudable de que toda la gente siempre murió y continúa muriendo, todos o casi todos lo asumen como una ley absolutamente inexorable (así que, incluso en la lógica formal habitualmente se utiliza esta afirmación cierta para formar el silogismo modelo: "Todos los hombres son mortales, Caius es un hombre, por consiguiente Caius es mortal"[27]). La verdad es que muchos creen en la inmortalidad del alma, pero precisamente el sentimiento del amor muestra mejor que cualquier otra cosa la insuficiencia de esta fe abstracta. Un espíritu sin cuerpo no es un hombre, sino un ángel, pero nosotros amamos a un hombre, la individualidad humana completa, y si el amor es el principio de la iluminación y de la espiritualización de esta individualidad, entonces necesariamente exige su conservación así como es, exige la juventud eterna y la inmortalidad de este ser humano particular, de este espíritu vivo, encarnado en un organismo corpóreo. Un ángel o espíritu puro no necesita iluminación ni espiritualización, se ilumina y se espiritualiza solo la carne, y esta carne es el objeto necesario del amor. Uno puede imaginarse todo lo que quiera, pero solo se puede amar algo vivo y concreto, y cuando se ama realmente no puede conciliarse con la certeza de su destrucción.

Pero si la inevitabilidad de la muerte no es compatible

---

27 N. del T.: Silogismo citado de la novela de León Tolstoi, *La muerte de Iván Illich*.

con el amor verdadero, entonces la inmortalidad no es compatible en absoluto con la vacuidad de nuestra vida.

Para la mayoría de los hombres la vida no es sino una alternancia entre una labor mecánica fatigosa y los placeres sensuales y groseros que ensordecen la consciencia. Y la minoría que tiene la posibilidad de ocuparse de forma eficaz no únicamente de los medios sino también de las metas de la vida, en lugar de eso emplea su libertad de no aplicarse a labores mecánicas principalmente en pasatiempos insensatos e inmorales. Para mí es superfluo hablar demasiado sobre la vacuidad e inmoralidad –involuntaria e inconsciente– de toda esta vida ilusoria después de su excelente representación en *Anna Karenina*, *La muerte de Iván Illich* y *La sonata a Kreutzer*[28]. Volviendo a nuestro asunto, indicaré una sola consideración evidente, que para una vida *semejante*, la muerte no es solo inevitable sino también extremadamente deseable: ¿acaso puede imaginarse sin una angustia espantosa la existencia de alguna dama de alcurnia, de algún deportista o de algún jugador de cartas que continúa infinitamente?

La incompatibilidad de la inmortalidad con una existencia *semejante* es clara a primera vista. Pero prestando más atención, la misma incompatibilidad tendremos que reconocerla también con respecto a otras existencias aparentemente más plenas. Si en lugar de una dama de alcurnia o de un jugador tomamos a los que están en las antípodas, los grandes hombres, los genios

---

28 Nuestra "sociedad", incluyendo las damas de alcurnia, leyó con admiración estas obras, sobre todo *La sonata a Kreutzer*, pero es dudoso que siquiera una de estas damas luego de aquella lectura rehusara alguna invitación a un baile. Es tan difícil cambiar el comportamiento real del ambiente social solamente con la moral, aunque sea presentada en una forma de arte perfecta.

que regalaron obras inmortales a la humanidad o cambiaron el destino de los pueblos, veremos que el contenido de su vida y sus frutos históricos tienen valor solo como dados una vez y para siempre, y con una continuidad infinita de la existencia individual de estos genios en la tierra esos frutos perderían todo su sentido. La inmortalidad de las obras, evidentemente, de ninguna manera exige, incluso excluye de por sí la inmortalidad continua de los individuos que las realizaron. ¿Acaso podemos imaginar a Shakespeare que infinitamente compone sus dramas, o a Newton que infinitamente sigue estudiando la mecánica del cielo? Ni hablar del absurdo de la continuidad infinita de la actividad con la cual se hicieron famosos Alejandro Magno o Napoleón. Es evidente que el arte, la ciencia, la política, que dan contenido a algunas aspiraciones del espíritu humano y satisfacen las necesidades temporales históricas de la humanidad no confieren a la *individualidad* humana de ningún modo el contenido absoluto y autónomo, y por eso no necesitan la inmortalidad de esta: la necesita solo el amor, y solo el amor la puede lograr. El amor verdadero es aquel que no solamente afirma en el sentimiento subjetivo la significación incondicional de la individualidad humana en el otro y en uno mismo, sino que también justifica efectivamente esta significación incondicional, nos libera de hecho de la inevitabilidad de la muerte y llena nuestra vida con el contenido absoluto.

ARTÍCULO CUARTO

I

"Dionisio y Hades son una sola cosa", dijo el más profundo pensador del mundo antiguo[29]. Dionisio, dios joven y floreciente de la vida material en la plenitud de la exuberancia y la efervescencia de sus fuerzas, dios de la naturaleza excitada y fecunda, es lo mismo que Hades, el pálido soberano del reino tenebroso y silencioso de las sombras de los idos. El dios de la vida y el dios de la muerte es un mismo dios. Esta es una verdad indiscutible para el mundo de los organismos naturales. La plenitud de las fuerzas vitales que bulle en un ser individual no es su vida propia, es una vida ajena, la vida de la especie, indiferente y despiadada para él, y que para él es la muerte. En los grados inferiores del reino animal es completamente claro: aquí los individuos existen nada más que para producir la prole y luego morir; en muchas especies ellos no sobreviven al acto de reproducción, mueren enseguida; en otras, sobreviven apenas un corto tiempo. Pero si esta ligazón entre el nacimiento y la muerte, entre la conservación de la especie y la destrucción del individuo es una ley de la naturaleza, entonces, por otro lado la misma naturaleza en su

---

29 N. del T.: Para el filósofo Heráclito, Dionisio y Hades, la esencia misma de la vida indestructible (unificación de los opuestos), son el mismo dios.

desarrollo gradual limita y debilita cada vez más esta ley suya; para un individuo, la necesidad de servir de medio para la preservación de la especie y morir cumpliendo este servicio permanece, pero la acción de esta necesidad se manifiesta cada vez menos directa y exclusivamente a medida que se van perfeccionando las formas orgánicas, y van incrementándose la autonomía y la consciencia de los seres individuales. De este modo, la ley de la identidad de Dionisio y Hades, de la vida de la especie y la muerte individual, o lo que es lo mismo, la ley de la oposición y confrontación entre la especie y el individuo, opera con mayor fuerza en los grados inferiores del mundo orgánico, y con el desarrollo de formas superiores se debilita cada vez más; y si es así, entonces con la aparición de una forma orgánica superior que reviste un ser individual autoconsciente y autónomo que se distingue de la naturaleza y la trata como un objeto, y por consiguiente que es capaz de emanciparse interiormente de las exigencias de la especie, con la aparición de tal ser, ¿no tendría que llegar el fin de la tiranía de la especie sobre el individuo? Si la naturaleza en el proceso biológico tiende cada vez más a limitar la ley de la muerte, entonces, en el proceso histórico, ¿acaso el hombre no tendría que abolir completamente esta ley?

Es evidente por sí mismo que mientras el hombre se reproduce como animal, también muere como animal. Pero, por otro lado, es igualmente evidente que una simple abstención del acto de procreación no libera de la muerte en absoluto: las personas que conservan su virginidad mueren, también mueren los eunucos: ni unos ni otros ni siquiera gozan de una especial longevidad. Y esto es claro. La muerte es, en general, una desintegración del ser, la disgregación de los elementos que lo componen. Pero la separación de los sexos –que no se elimina por una unión externa y pasajera en el acto de procreación–, esta separación entre el elemento masculino y el femenino del ser humano, ya es en sí misma un estado de desintegración y el comienzo de la muerte. Permanecer en la separación de sexos significa permanecer en el camino de la muerte, y quien no quiere o no puede abandonar este camino, por necesidad natural, tiene que seguirlo hasta el fin. Quien alimenta la raíz de la muerte, inevitablemente probará su fruto. Solo un hombre íntegro puede ser inmortal, y si la unión fisiológica no puede realmente restaurar la integralidad del ser humano, entonces significa que tal unión engañosa tiene que ser reemplazada por una verdadera, y no por ninguna abstinencia de cualquier unión, esto es, de ninguna manera con un afán de mantener *in statu quo* la naturaleza humana separada, disgregada y en consecuencia, mortal.

Pues ¿en qué consiste la unión verdadera de los sexos y cómo se realiza? En lo que concierne a esto, nuestra vida está tan lejos de la verdad que lo que se toma por norma es solo la anormalidad menos extrema y menos escandalosa. Esto requiere una aclaración adicional antes de seguir adelante.

II

En la literatura psiquiátrica de Alemania y de Francia, recientemente aparecieron algunos libros especializados dedicados a lo que el autor de uno de ellos llamó *psychopathia sexualis*[30], es decir, diversas desviaciones

---

30 N. del T.: Richard Baron von Krafft-Ebbing, psiquiatra alemán (1840 – 1902), publicó *Psychopathia sexualis* en 1886; es considerado el primer libro dedicado a las perversiones sexuales.

de las normas en las relaciones sexuales. Estas obras, más allá de su interés específico para juristas, médicos y para los mismos enfermos, son interesantes también desde otra perspectiva, sobre la cual quizás no pensaron ni los autores ni la mayoría de los lectores, a saber: en estos tratados escritos por respetables científicos, cuya moralidad es presumiblemente irreprochable, sorprende la ausencia de toda noción clara y determinada sobre las normas de las relaciones sexuales, sobre lo que es debido en este campo y por qué tiene que serlo, en consecuencia, también la definición de las desviaciones de las normas, que es el verdadero objeto de estos estudios, resulta elegida fortuita y arbitrariamente. El único criterio que aparece es la habitualidad o rareza de los fenómenos; aquellas atracciones y acciones en el campo sexual que son relativamente raras se reconocen como desviaciones patológicas que requieren curación, y aquellas que son habituales y comúnmente aceptadas se asumen como norma. De este modo, la confusión entre una norma y una desviación habitual, la identificación de lo que debe ser con lo que comúnmente ocurre, llega a alcanzar altos grados de comicidad. Así, en la parte casuística de una de estas obras, encontramos bajo diversas rúbricas la repetición del siguiente método terapéutico: a un enfermo lo obligan en parte con un insistente consejo médico, pero principalmente por una sugestión hipnótica, a ocupar su imaginación con la representación del cuerpo de una mujer desnuda u otras imágenes indecentes de carácter sexual-*normal* (sic), y luego el tratamiento se considera logrado y la curación completa si bajo la influencia de esta excitación artificial el paciente comienza con gusto, frecuente y exitosamente a visitar *lupanaria*[31]. Es

---

31 N. del T.: Prostíbulos. Soloviev utiliza el término en latín, en

sorprendente que estos respetables científicos no se hayan detenido al menos en la simple consideración de que cuanto más exitosa sea una terapia de este tipo, tanto más el paciente puede verse en la necesidad de pasar de la ayuda de una especialidad médica a otra, y que el triunfo del psiquiatra puede poner en grandes apuros al dermatólogo. Las perversiones del sentimiento sexual que se estudian en los libros de medicina son importantes para nosotros como desarrollo extremo de lo que ha entrado en la vida cotidiana de nuestra sociedad y que se considera permisible y normal. Estos fenómenos inusuales presentan solo en su aspecto más claro aquella deformidad que es inherente a nuestras relaciones ordinarias en este ámbito. Esto podría probarse analizando todas las perversiones particulares del sentimiento sexual, pero espero que en este asunto disculpen la incompletitud de mi argumentación, y me permito limitarme a una anomalía más general y menos repulsiva del sentimiento sexual. En muchas personas, casi siempre de sexo masculino, este sentimiento se excita predominantemente, y a veces exclusivamente con una u otra parte del cuerpo del ser de otro sexo (por ejemplo, los cabellos, una mano, un pie), e incluso con objetos externos, determinadas partes de la indumentaria, y cosas así. Esta anomalía recibió el nombre de fetichismo en el amor. La anormalidad de tal fetichismo consiste, evidentemente, en que la parte se coloca en lugar del todo, el atributo se coloca en lugar de la esencia. Pero si los cabellos o los pies que excitan a un fetichista son partes del cuerpo femenino, en efecto este mismo cuerpo,

---

sintonía con *Psychopathia sexualis*, libro con varios apartados escritos en esta lengua.

en todo su contenido, es solo una parte del ser femenino, y sin embargo incontables amantes del cuerpo femenino *per se*, no se llaman fetichistas, no se consideran locos, y no se someten a ningún tratamiento. Pues ¿en qué consiste la diferencia entre estos dos tipos? ¿Acaso no consiste en que la mano o el pie representan una superficie menor que el cuerpo entero?

Si, de acuerdo a nuestro principio, tal conducta sexual en la cual la parte se coloca en lugar del todo no es normal, entonces la gente que de una u otra forma compra el cuerpo femenino para la satisfacción de una necesidad sensual, separando el cuerpo del alma, tienen que ser considerados sexualmente anormales, psíquicamente enfermos, fetichistas en el amor o incluso necrófilos. Mientras tanto, estos muertos vivientes, amantes de la carroña, son considerados personas normales, y casi toda la humanidad pasa por esta segunda muerte.

La consciencia no debilitada y el sentimiento estético no endurecido, en pleno acuerdo con el pensamiento filosófico, incondicionalmente condenan cada conducta sexual basada en la separación y aislamiento de la esfera inferior animal del ser humano respecto de las esferas superiores. Fuera de este principio es imposible encontrar algún criterio firme para distinguir entre lo que es normal y lo que es anormal en el ámbito sexual. Si la necesidad de ciertos actos fisiológicos tiene derecho a satisfacerse a toda costa solo porque es una necesidad, entonces también tiene el mismo derecho de satisfacción la necesidad de aquel "fetichista en el amor", para quien el único objeto deseable en el comportamiento sexual resulta ser un delantal lavado tendido en una soga, secándose aún[32]. Y si encontramos alguna diferencia entre este excéntrico y algún visitante asiduo de lupanares, entonces por supuesto esta diferencia será a favor del fetichista; la atracción hacia un delantal mojado es sin duda auténtico, no simulado, porque no se puede inventar para él ningún motivo falso, en cambio mucha gente visita lupanares no por una necesidad real en absoluto, sino por falsas consideraciones de higiene, por imitar malos ejemplos, bajo la influencia de la ebriedad y otras circunstancias semejantes.

A menudo se condenan las manifestaciones psicopáticas del sentimiento sexual con el fundamento de que estas no corresponden a la finalidad natural del acto sexual, es decir, a la reproducción. Afirmar que un delantal recién lavado, e incluso un zapato usado pueden servir para la procreación de la prole sería por supuesto una paradoja; pero sería no menos paradójico suponer que la institución de las mujeres públicas sirve a este objetivo. Una depravación "natural" evidentemente es tan opuesta a la procreación como una depravación "antinatural". Así que también desde este punto de vista no hay el mínimo fundamento para considerar a uno de ellos normal y al otro anormal. Y si, finalmente, se considera el punto de vista del daño para sí mismo y para los demás, entonces, por supuesto, un fetichista que corta mechones de pelo de damas desconocidas o que hurta sus pañuelos[33] causa daño a la propiedad ajena y a su propia reputación, pero ¿se puede comparar este daño con el que causan los infelices propagadores de la terrible infección[34]

---
32 Ver Binet, *Le fétichisme en amour* y también Krafft-Ebbing, *Psychopathia sexualis*.
33 Cf. nota anterior.
34 N. del T.: Probablemente se refiera a la sífilis, flagelo en el siglo XIX.

que es consecuencia bastante habitual de la satisfacción "natural" de una necesidad "natural"?

III

Todo esto lo digo no para justificar los métodos de satisfacción del sentido sexual antinaturales, sino como condenación de los métodos supuestamente naturales. En general, hablando de la naturalidad o de la antinaturalidad, no hay que olvidar que el hombre es un ser complejo y lo que es natural para uno de sus principios o elementos constitutivos puede ser antinatural para otro, y por consiguiente, anormal para el hombre entero.

Para el hombre como *animal* es completamente natural la satisfacción ilimitada de su necesidad sexual mediante determinada acción fisiológica, pero el hombre como ser moral encuentra esta acción contraria a su naturaleza superior y *se avergüenza* de ella. Como animal *social*, para el hombre es natural limitar la función fisiológica en cuanto esta concierne a otras personas, por las exigencias de la *ley* moral y social. Esta ley limita desde el exterior y encauza la función animal, la hace medio para el objetivo social: la formación de la unión familiar. Pero la esencia del asunto no cambia con eso. La organización familiar se basa, sin embargo, en una unión externa y material de sexos: deja al hombre animal en su estado anterior, desintegrado y dividido por la mitad, lo que necesariamente lleva a una ulterior desintegración del ser humano, esto es, a la muerte.

Si el hombre, sobrepasando su naturaleza animal, fuera ante todo un ser social-moral pero nada más, entonces entre estos dos elementos opuestos igualmente naturales para él, el triunfo final lo obtendría el primero.

La ley social moral y su objetivación, la familia, pone límites a la naturaleza animal del hombre necesarios para el progreso de la especie, que ordenan la vida mortal, pero no abren los caminos de la inmortalidad. El ser individual, del mismo modo se consume y muere en el orden de la vida social-moral, como si quedara exclusivamente bajo la ley de la vida animal. El elefante y el cuervo gozan una longevidad incluso mayor que la del más virtuoso y más meticuloso de los hombres[35]. Pero en el hombre, además de la naturaleza animal y de la ley social moral, hay también un tercer principio, superior: el espiritual, místico o divino. Este principio, aquí en el campo del amor y en el de las relaciones entre los sexos, es también aquella "piedra desechada por los arquitectos" y que "ha sido puesta por piedra angular"[36]. Antes de la unión fisiológica en la naturaleza animal, que conduce a la muerte, y antes de la unión legal en el orden social-moral

---

35 A propósito de las recientes discusiones sobre la muerte y el miedo a la muerte, hay que notar que además del temor y la indiferencia, que son igualmente indignos de un ser pensante y amante, hay también una tercera actitud, la lucha y el triunfo sobre la muerte. No se trata de la propia muerte, de la cual por cierto la gente moral y físicamente sana se preocupa poco, sino de la muerte de otros, de los seres amados, hacia la cual la actitud desapasionada de un amante es imposible (ver Evangelio de San Juan 11, 33 - 38).

La resignación al respecto sería una exigencia de la razón solamente en el caso de que la muerte del hombre fuera un final absolutamente inevitable. Pero esto siempre es solo una suposición que nunca se prueba, y no sin razón, ya que probarlo es imposible. Por supuesto es indiscutible que *bajo ciertas condiciones* la muerte es necesaria, pero que estas condiciones sean las únicas posibles, que no se las pueda cambiar y que, por consiguiente, la muerte es una necesidad *sin reservas*, para esto no hay ni una sombra de fundamento racional.

36 N. del T.: Salmos 118, 22.

que no salva de la muerte, tiene que haber una unión en Dios, que lleva a la inmortalidad, porque no limita solo la vida mortal de la naturaleza como la ley humana, sino que la regenera con el poder eterno e incorruptible de la gracia. Este tercer elemento, el primero en el orden verdadero, con sus propias exigencias, es completamente *natural* para el hombre considerado en su totalidad como ser que participa en el supremo principio divino y es intermediario entre este principio y el mundo. Pero los dos elementos inferiores, la naturaleza animal y la ley social, que son también naturales en su propio ámbito, resultan ser *antinaturales* cuando se consideran separados del elemento superior y ocupan el lugar de este. En el campo del amor sexual (sin contar los diversos fenómenos monstruosos de la psicopatía sexual), es antinatural para el hombre no solo cualquier satisfacción desordenada de las necesidades sensuales privada de la consagración espiritual, semejante a la de los animales, sino que también son indignos para el hombre y son antinaturales para él aquellas uniones entre las personas de distinto sexo que se establecen y se mantienen basándose *solo* en la ley civil, exclusivamente para fines sociales-morales y con la eliminación o bien sin la intervención del principio propiamente espiritual y místico en el hombre. Pero precisamente tal reordenamiento antinatural de esta jerarquía de los principios, desde el punto de vista del ser humano entero, domina en nuestra vida y se considera normal, mientras que toda la condena social se desvía a los desdichados psicópatas del amor, quienes simplemente llevan esta misma perversión dominante y universalmente aceptada a extremos ridículos y desfigurados, y a veces repulsivos, aunque relativamente inofensivos en la mayoría de los casos.

IV

Las diversas perversiones del instinto sexual de que se ocupan los psiquiatras no son sino variedades extravagantes de la perversión general que en esta dimensión humana todo lo infiltra, es la perversión con que se sostiene y se perpetúa el reino del pecado y de la muerte. Aunque estas tres relaciones o vínculos entre los sexos que son naturales para el hombre en su integridad, esto es, el vínculo en la vida animal o de acuerdo a la naturaleza inferior, luego, el vínculo de la vida moral-social o bajo la ley, y finalmente el vínculo en la vida espiritual o la unión en Dios, aunque estos tres vínculos existen en la humanidad, sin embargo, estos se realizan de manera antinatural precisamente al estar separados entre sí, en una inversión de su sucesión jerárquica respecto de su orden y sentido verdadero, y sin proporción en la medida.

En el primer lugar de nuestra realidad aparece lo que verdaderamente debería ocupar el último: el vínculo animal fisiológico. Este es reconocido como la base de todo el asunto, cuando tendría que ser solo su culminación final. Para muchos, aquí la base coincide con la culminación: ellos no van más allá de vínculos animales; para otros, sobre esta base ancha se levanta la superestructura social-moral de la unión familiar legítima. Aquí el término medio se toma por cumbre de la vida, y lo que tiene que servir como una expresión libre y consciente en el devenir de una unión eterna se convierte en cauce involuntario de una vida material sin sentido. Y luego, finalmente, como un fenómeno raro y exclusivo, queda para unos pocos elegidos el amor espiritual puro, del cual todo el contenido real ya fue quitado de antemano por otros vínculos inferiores, así que este amor se ve obligado a contentarse con una infructuosa sensualidad soñadora sin ninguna tarea real ni meta en la vida. Este desdichado amor espiritual se asemeja a los pequeños angelitos de esas pinturas antiguas que tienen nada más que cabeza y alitas. Estos ángeles no hacen nada por no tener manos y no pueden avanzar porque a sus alitas les alcanza la fuerza solo para mantenerlos inmóviles a cierta altura. En tal estado elevado pero extremadamente insatisfactorio se encuentra también el amor espiritual. La pasión física tiene delante de sí una tarea determinada, aunque vergonzosa; la unión familiar legítima también cumple una tarea, por ahora necesaria aunque de una mediana dignidad. Pero el amor espiritual tal como aparece hasta ahora obviamente no tiene ninguna tarea en absoluto, y por eso no sorprende que la mayoría de la gente seria *glaubt an keine Liebe oder nimmt's für Poesie*[37].

Este amor exclusivamente espiritual es sin duda tan anómalo como el amor exclusivamente físico y como la unión familiar exclusivamente mundana. La norma absoluta es la restauración de la integralidad del ser humano, y sin importar si esta norma se infringiera por un lado o por el otro, el resultado en cualquier caso sería un fenómeno anormal y antinatural. El amor pretendidamente espiritual es un fenómeno no solo anormal, sino también completamente inconducente, puesto que la separación entre lo espiritual y lo sensual, a lo que tal amor tiende, se realiza sin este amor, de la mejor manera posible, con la muerte. En cambio, el amor espiritual verdadero no es una impotente imitación y

---

37 N. del T.: Del alemán: "no cree en el amor o lo toma por poesía". Cita indirecta de una poesía de Heinrich Heine.

anticipación de la muerte, sino el triunfo sobre la muerte; no es la separación entre lo inmortal y lo mortal, entre lo eterno y lo temporal, sino la transformación de lo mortal en lo inmortal, la asunción de lo temporal en lo eterno. La falsa espiritualidad es la negación de la carne, y la espiritualidad verdadera es la regeneración de la carne, su salvación y su resurrección.

V

"En el día en que Dios creó al hombre, a semejanza de Dios lo creó; los creó varón y mujer"[38].

"Sacramento este es grande, mas yo hablo con respecto a Cristo y a la Iglesia"[39].

La misteriosa imagen de Dios según la cual está hecho el hombre se refiere originariamente a la unidad verdadera de sus dos partes principales, masculina y femenina, no a alguna parte separada del ser humano. Como la relación de Dios con su creación, como la de Cristo con su Iglesia, así tiene que ser la relación del hombre con su esposa. Tan conocidas son estas palabras, y tan poco comprendido su sentido. Así como Dios crea su universo, como Cristo edifica su Iglesia, así el hombre tiene que crear y edificar su complemento femenino. Que el hombre representa el principio activo y la mujer el principio pasivo, que el primero tiene que contribuir a la formación del intelecto y del carácter del segundo, son por supuesto proposiciones elementales, pero no nos referimos a esta relación que se da en la superficie, sino al "gran misterio" del que habla el Apóstol. Este gran misterio representa una analogía esencial aunque no una identidad entre la actitud humana y la divina. Pues la

---

38 N. del T.: Gen 5, 1.
39 N. del T.: Ef 5, 32.

edificación de la Iglesia por Cristo ya se distingue de la creación del universo por Dios, como tal. Dios crea el Universo de la nada, es decir, de la potencia pura del ser, o del vacío, que sucesivamente se va llenando, es decir, este vacío va recibiendo de la acción de Dios las formas reales de las cosas inteligibles; en cambio Cristo edifica la Iglesia del material ya plasmado de múltiples formas, animado y activo por su cuenta en algunas de sus partes, material al cual solo habría que conferir el principio de la nueva vida espiritual dentro de la nueva esfera superior de la unidad. Finalmente el hombre, para su acción creativa, tiene en la persona de la mujer material que es igual a él por el grado de actualización, y ante tal material tiene solo la ventaja potencial de la iniciativa, solo el derecho y el deber de dar el primer paso en el camino hacia la perfección, pero no la perfección efectiva. Dios es a la creación lo que el todo es a la nada, esto es, lo que la plenitud absoluta del ser a la pura potencia del ser; Cristo es a la Iglesia lo que la perfección en acto a la potencia de la perfección que va transformándose en la perfección en acto; y por último, la relación entre marido y mujer es una relación de dos potencias diversamente operantes pero igualmente imperfectas, que logran la perfección solo en el proceso de la acción recíproca. En otras palabras, Dios nada recibe para Sí mismo de la criatura, es decir, ningún incremento, mientras le da todo; Cristo no recibe de la Iglesia ningún incremento en el sentido de la perfección, sino que le da toda la perfección, pero Él recibe de la Iglesia el incremento en el sentido de la plenitud de Su cuerpo místico; por último, el hombre y su *alter ego* femenino se completan mutuamente, no solo en el sentido real, sino también en el sentido ideal, logrando la perfección únicamente a través de la acción recíproca.

El hombre como edificador puede restaurar la imagen de Dios en el objeto vivo de su amor solo si al mismo tiempo restaura esta imagen también en sí mismo, pero no halla dentro de sí la fuerza para lograrlo, puesto que si la tuviera no necesitaría la restauración; y al no tenerla, tiene que recibirla de Dios. Por consiguiente, el hombre (varón) es el principio creativo, edificador, con respecto a su complemento femenino no *per se*, sino como mediador o conductor de la Fuerza Divina. En realidad, Cristo también edifica la Iglesia no por alguna fuerza Suya particular, sino con la fuerza creativa de la Divinidad, pero siendo Él mismo Dios, posee esta fuerza según su naturaleza y *actu*, mientras que nosotros, en cambio, la poseemos por gracia y por adopción, es decir, tenemos solo la posibilidad (potencia) de recibirla.

Al abordar la exposición de los principales momentos en el proceso de la realización del amor verdadero, es decir, en el proceso de integración del ser humano o bien de la restauración en él de la imagen de Dios, anticipo la perplejidad de muchos: ¿para qué escalar alturas tan inalcanzables y fantásticas con motivo de algo tan simple como el amor? Si yo considerara la norma religiosa del amor como fantástica, ciertamente no la propondría. De la misma manera, si el objeto de mis consideraciones fuera solo el amor *simple*, esto es, las relaciones habituales y ordinarias entre los sexos, lo que suele suceder y no lo que debe ser, ciertamente me abstendría de cualquier razonamiento sobre este tema, puesto que sin duda estas relaciones simples son de esas cosas sobre las que alguien dijo: hacerlo no es bueno, pero hablar de eso es peor todavía. Pero el amor, así como yo lo comprendo es, en cambio, un asunto extremadamente complejo, opaco e intricado que exige un completo y concienzudo análisis e investigación cuya preocupación no debería ser la simplicidad sino la verdad. Un tueco podrido es sin duda más simple que un árbol frondoso, y el cadáver es más simple que un hombre vivo. Una aproximación simple al amor termina con aquella simplificación definitiva y extrema llamada muerte. Tal fin inevitable e insatisfactorio del amor "simple" nos impele a buscar para el amor otro principio más complejo.

VI

El asunto del amor verdadero se basa ante todo en la *fe*. El sentido radical del amor, como ya fue mostrado, consiste en reconocer en el otro ser la significación incondicional. Pero en su existencia empírica efectivamente percibida por los sentidos, este ser no tiene significación incondicional: es imperfecto en cuanto a la dignidad y transitorio en cuanto a su existencia. Por consiguiente, podemos afirmar para él la significación incondicional solo en virtud de la fe, que es como aferrarse a lo que se espera, es la certeza de cosas que no se pueden ver.[40] Pero ¿cuál sería en este caso el objeto de la fe? ¿Qué significa propiamente creer en la significación incondicional y por ende también eterna de este individuo? Afirmar que él por sí mismo así como es, en su particularidad e individuación, posee significación absoluta sería tan absurdo como blasfemo. Por supuesto, la palabra "adoración" es muy utilizada en el campo de las relaciones amorosas, pero en efecto la palabra "locura" también tiene su legítimo uso en ese campo. Pues bien, observando la ley de la lógica que impide igualar definiciones contradictorias, y también el mandamiento de la religión verdadera que prohíbe la

---

40 N. del T.: Heb 11, 1.

idolatría, tenemos que entender por fe en el objeto de nuestro amor la afirmación de este objeto como existente en Dios, y en este sentido poseedor de la significación infinita. Por supuesto, esta relación trascendente hacia el otro, esta transferencia mental del otro a la esfera de la divinidad, supone una relación semejante hacia sí mismo, una transferencia semejante y una afirmación de sí mismo en la esfera absoluta. Puedo reconocer la significación incondicional de una persona dada o creer en tal significación (sin lo cual es imposible un amor verdadero), solo afirmándola en Dios, y por consiguiente creyendo en Dios mismo, y en uno mismo como aquel que tiene en Dios el centro y la raíz de su propia existencia. Esta fe una y trina ya es un cierto acto interno, y con este acto se coloca el primer fundamento para la unión verdadera del hombre con el otro, el amado, y la restauración en él (o en ellos) de la imagen de Dios uno y trino. El acto de fe en las condiciones reales de tiempo y de lugar es una plegaria (en el sentido esencial y no técnico de esta palabra). A este respecto, la unión indivisible entre uno mismo y el otro es el primer paso para la unión real. Este paso es pequeño en sí mismo, pero sin él es imposible nada posterior y más grande.

Puesto que para Dios, eterno e indivisible, todo existe junto y simultáneamente, todo está en uno, entonces afirmar algún ser individual en Dios significa afirmarlo no en su separación, sino en todo o más precisamente en la unidad de todo. Pero como este ser individual en su realidad concreta no entra en la unidad de todo, existe por separado como un fenómeno material aparte, entonces el objeto de nuestro amor creyente necesariamente difiere del objeto empírico de nuestro amor instintivo, aunque está vinculado indivisiblemente a él. Se trata de una misma persona en dos aspectos diversos, o en dos esferas de la existencia distintas: una ideal y otra real. La primera persona es, por ahora, solo una idea. Pero en el amor verdadero, creyente y vidente, sabemos que esta idea no es una invención arbitraria nuestra, sino que ella expresa la *verdad* del objeto que todavía no se ha realizado en la esfera de los fenómenos reales externos.

Esta idea verdadera del objeto amado, aunque trasluce en los momentos del *pathos* amoroso a través del fenómeno real, sin embargo se manifiesta en un aspecto más claro, primero solo como un objeto de la imaginación. La forma concreta de esta imaginación, la imagen ideal con la cual revisto a la persona amada en un momento dado, es por supuesto una creación mía, pero esta imagen no se crea de la nada. Y la subjetividad de esta imagen como tal, es decir la que aparece aquí y ahora ante los ojos de mi alma, de ninguna manera prueba el carácter subjetivo, es decir, existente solo para mí, del propio objeto imaginado. Si para mí, situado de este lado del mundo trascendente, aparece un objeto ideal como una mera creación de mi imaginación, esto no impide su completa realidad en la otra alta esfera de la existencia. Y aunque nuestra vida real está fuera de esta alta esfera, sin embargo nuestra inteligencia no es completamente ajena a ella, y podemos tener algún entendimiento especulativo sobre las leyes propias de su naturaleza. Y he aquí la ley primera y principal: si en nuestro mundo la existencia separada y aislada es un hecho y una realidad actual, y la unidad es solo un concepto y una idea, entonces en aquel otro mundo es al revés, la realidad pertenece a la unidad o más precisamente a la panunidad, y la separación y aislamiento existen de modo potencial y subjetivo.

Y de ahí se sigue que la existencia de *esta* persona en la esfera trascendente no es individual en el sentido de la existencia real en este mundo. Allá, esto es, en la verdad, la persona individual es solo un rayo vivo y real, pero indivisible de la única luz ideal: la esencia panunitaria. Esta persona ideal, o idea personificada, es solamente una individualización de la panunidad, que está indivisiblemente presente en cada una de sus individualizaciones. De modo que, cuando nosotros imaginamos la forma ideal del objeto amado, bajo esta forma se nos transmite la esencia panunitaria misma. ¿Cómo, pues, tenemos que pensarla?

VII

Dios como uno, distinguiendo de Sí mismo Su otro, esto es, todo lo que no es Él mismo, une consigo mismo todo eso, pensándolo todo junto y simultáneamente, bajo la forma de la perfección absoluta, por consiguiente, como unidad. Esta *otra* unidad, distinta aunque no separada de la unidad primordial de Dios es, con respecto a Él, una unidad pasiva, femenina, puesto que aquí la vacuidad eterna (potencia pura) recibe la plenitud de la vida divina. Pero si *en la base* de este eterno femenino está la nada pura, entonces para Dios esta nada está eternamente velada por la imagen de la perfección absoluta asimilada de la Divinidad. Esta perfección, que para nosotros aun se está realizando, para Dios, esto es, en la verdad, ya es real. Aquella unidad ideal a la cual aspira nuestro mundo y que constituye la meta del proceso cósmico e histórico no puede ser solo una idea subjetiva de alguien (¿de quién, entonces?), esa unidad es verdadera como el objeto eterno del amor de Dios, como Su otro eterno.

Este ideal vivo del amor de Dios precede a nuestro

amor y contiene en sí el misterio de su idealización. Aquí la idealización de un ser inferior es al mismo tiempo la realización incipiente del ser superior, en esto consiste la verdad del *pathos* amoroso. En cuanto a la realización completa, la transformación de la individualidad femenina en el rayo del Eterno Femenino Divino, inseparable de su fuente radiante, será real, será una unión no solo subjetiva sino también objetiva del hombre individual con Dios, la restauración en él de la imagen Divina viva e inmortal.

El objeto del amor verdadero no es simple, sino doble: amamos primero a aquel ser ideal (no en el sentido abstracto, sino en el sentido de pertenencia a la otra esfera superior de la existencia) que tenemos que introducir en nuestro mundo ideal; y segundo, amamos a aquel ser humano natural que nos brinda un material vivo personal para esta realización y que a través de esto se idealiza no en el sentido de nuestra imaginación subjetiva, sino en el sentido de su cambio real objetivo o regeneración. De esta manera, el amor verdadero es asimismo e inseparablemente *ascendente* y *descendente* (*amor ascendens* y *amor descendens*, o aquellas dos Afroditas que Platón bien distinguía pero mal separaba: Ἀφροδίτη Οὐρανία y Ἀφροδίτη πάνδημος[41]). Para Dios, Su otro (esto es, el universo) desde el principio tiene la imagen de la perfecta femineidad, pero él quiere que esta imagen exista no solamente para Él, sino para que se realice y se encarne en cada ser individual capaz de unirse con ella. Hacia tal realización y encarnación aspira también el eterno femenino mismo, que no es solo una imagen inerte en la mente Divina sino un ser espiritual

---

41 N. del T.: Afrodita Urania y Afrodita Pandemos. Referencia a *El banquete*, de Platón.

vivo que posee toda la plenitud de las fuerzas y acciones. Todo el proceso cósmico e histórico es el proceso de su realización y encarnación en una gran multiplicidad de formas y grados.

En el amor sexual, verdaderamente comprendido y realizado, esta esencia divina obtiene el medio para su extrema y definitiva encarnación en la vida individual del hombre, encuentra el camino para la unión con él más profunda y a la vez más externa, realmente perceptible. De allí surgen aquellos destellos de beatitud ultraterrena, aquel soplo de extraña alegría, que acompañan al amor incluso imperfecto y que hacen de él, aun siendo imperfecto, un gozo de los humanos y de los dioses, *hominum divomque voluptas*[42]. De allí también surge el sufrimiento profundísimo del amor, que es incapaz de retener su objeto verdadero y que se aleja de él cada vez más.

Aquí recibe su legítimo puesto también aquel elemento de adoración y fidelidad sin límite que es tan propio del amor y que tan poco sentido tiene si se refiere solamente a su objeto terrenal, separado del celestial.

La base mística del carácter doble o, mejor dicho, bilateral del amor, resuelve la cuestión sobre la posibilidad de la repetición del amor. El objeto celestial de nuestro amor es solo uno, siempre y para todos es el mismo: el Eterno Femenino Divino, pero puesto que la tarea del amor verdadero consiste no solo en adorar ese objeto supremo, sino en realizarlo y encarnarlo en el otro ser de la misma forma femenina –pero de naturaleza terrena– que es inferior respecto de aquel eterno femenino, y que no es sino uno entre muchos, entonces su

---

42 N. del T.: Referencia a Lucrecio, en *De la naturaleza de las cosas*.

significación única para el amante, por supuesto *puede* ser también transitoria. *Si debe* ser así y por qué, esto ya se resuelve en cada caso particular, y depende no de la base mística única e inmutable del verdadero proceso del amor, sino de sus condiciones físicas y morales ulteriores, que ahora tenemos que examinar.

ARTÍCULO QUINTO

I

Un sentimiento involuntario e inmediato nos revela el sentido del amor como manifestación suprema de la vida individual que encuentra en la unión con otro ser su propia infinitud. ¿Es que no es suficiente esta revelación momentánea? ¿Acaso es poco sentir su propia significación incondicional aunque sea una vez en la vida?

Y yo sé, cuando a veces miro las estrellas,
que las contemplábamos como dioses tú y yo[43].

Es poco probable que sea suficiente incluso para un mero sentimiento poético, y la *consciencia de la verdad* y la *voluntad de la vida* no pueden resignarse a eso en absoluto. Una infinitud solo *momentánea* es una contradicción intolerable para la razón, y una suprema felicidad vivida solo en el pasado es un sufrimiento para la voluntad. Hay resplandores de otra Luz, luego de los cuales:

Las tinieblas de la vida cotidiana son más oscuras,
como después de una deslumbrante fulguración
otoñal[44].

Si estos resplandores son nada más que un engaño,

---

43 N. del T.: Versos del poema "Alter ego", del poeta ruso Afanasy Fet (1820 – 1892), amigo de Soloviev.
44 N. del T.: Versos del poema "Torturados por la vida y por la perfidia de la esperanza", de Afanasy Fet.

entonces en el recuerdo no pueden sino evocar la vergüenza y la amargura del desencanto; y si no fueron un engaño, si nos revelaban alguna realidad que luego se cerró y desapareció para nosotros, entonces ¿por qué tenemos que conformarnos con esta desaparición? Si lo que se perdió era verdadero, entonces la tarea de la consciencia y de la voluntad no consiste en aceptar la pérdida como definitiva, sino en entender las causas y eliminarlas.

La causa más cercana (como fue parcialmente demostrado en el artículo precedente) consiste en la distorsión de la relación amorosa misma. Esto comienza muy pronto: apenas el *pathos* inicial del amor logra mostrarnos el borde de una realidad mejor, con otro principio y otra ley de la vida, enseguida tratamos de aprovechar el incremento de energía resultante de esta revelación, no para avanzar hacia donde esa revelación nos llama, sino solo para arraigarnos con fuerza y acomodarnos más firmemente en aquella mala realidad anterior sobre la cual el amor acababa de elevarnos; la buena nueva del paraíso perdido, la nueva acerca de la posibilidad de recuperarlo, la interpretamos como una invitación a *naturalizarnos* definitivamente en la tierra del exilio, lo más pronto posible entrar en la completa y hereditaria posesión de nuestra pequeña parcela, con sus cardos y zarzas; aquella ruptura de la limitación personal que señala la pasión amorosa y que constituye su sentido principal conduce, en realidad, solo al *egoísmo de dos*, luego de tres, etc. Por cierto tal egoísmo con todo es mejor que el egoísmo de uno, pero el alba del amor nos revelaba horizontes completamente diferentes.

Apenas la esfera vital de la unión amorosa es trasladada a la realidad material como tal, en correspondencia al mismo tiempo se distorsiona el orden de esta unión. Su base mística no terrenal que aparecía tan claramente en la pasión inicial se olvida como una exaltación pasajera, y se reconoce como lo más deseable, la meta sustancial y a la vez la principal condición del amor, aquello que tendría que ser apenas su manifestación última y bajo determinadas condiciones. Esto último, la unión física, colocada en primer lugar y con eso privada de su sentido *humano* y reemplazada por el sentido animal, hace al amor no solo impotente contra la muerte sino que se convierte inevitablemente en una tumba moral del amor mucho antes de que la tumba física se lleve a los amantes.

La resistencia personal directa a tal orden es más difícil de cumplir que de entender: es posible ilustrarla en unas palabras. Para abolir este orden ruin de los fenómenos de la vida, ante todo hay que reconocerlo como anormal, afirmando así que hay otro orden normal en el cual todo lo externo e incidental está subordinado al sentido interior de la vida. Tal afirmación no tiene que agotarse en las palabras; a la experiencia de los sentidos externos habría que contraponer no un principio abstracto sino otra *experiencia, la de la fe*. Esta última es incomparablemente más difícil que la primera, puesto que está condicionada más por la acción interior que por la percepción externa. Solamente a través de sucesivos actos de una fe consciente entramos en una relación real con la esfera de lo que verdaderamente existe, y a través de esto, en una relación real con nuestro "otro"; solo sobre esta base puede ser sostenida y fortalecida en la consciencia aquella incondicionalidad de la otra persona para nosotros (y por consiguiente, también la incondicionalidad de nuestra unión con ella), que se nos revela inmediata e involuntariamente en el *pathos* del amor, puesto que este *pathos* amoroso viene y se va, y la fe del amor permanece.

Pero para que esta fe permanezca viva es necesario que se resguarde continuamente de aquel ambiente actuante donde casos absurdos construyen su dominio basándose en el juego de las pasiones animales y de las pasiones humanas, que son peores todavía. Contra estas fuerzas enemigas, el amor creyente no tiene más que un arma defensiva: la paciencia hasta el fin. Para merecer su felicidad, el amor tiene que tomar su cruz. En nuestro ambiente material no se puede conservar el amor verdadero sino comprendiéndolo y aceptándolo como acto heroico moral. No es casualidad que en el rito de *matrimonio* la Iglesia ortodoxa mencione a los santos *mártires* e iguale sus coronas a las coronas nupciales[45].

La fe religiosa y el acto heroico moral preservan al hombre individual y su amor de ser engullido por el ambiente material durante su vida, pero aún no le dan el triunfo sobre la muerte. La regeneración interna del sentimiento amoroso, la rectificación de las relaciones distorsionadas del amor, no corrigen y no suprimen la ley infame de la vida física ni en el mundo exterior, ni en el propio hombre; *en la realidad* él sigue siendo igual que antes un ser limitado sometido a la naturaleza material. Su unión mística y moral con la individualidad que lo completa no puede superar ni su mutua separación e impenetrabilidad, ni su dependencia común del mundo de la materia. La última palabra la tiene no el acto heroico moral sino la ley implacable de la vida orgánica y de la muerte, y las personas que defendieron el ideal eterno

---

45 N. del T.: Las coronas nupciales son parte del rito del matrimonio en la Iglesia oriental.

hasta el fin mueren con la dignidad humana, pero con la impotencia animal.

Mientras el acto heroico individual se limita nada más que a su objeto inmediato –la rectificación de la relación deformada personal entre dos seres–, queda necesariamente sin éxito definitivo también en este que es su asunto directo, porque el mal con que se choca el amor verdadero, el mal de la separación material, de la impenetrabilidad y de la confrontación externa de dos seres que se completan interiormente entre sí, este mal es un caso particular aunque típico de la distorsión general a la que está sometida nuestra vida y no solamente la nuestra, sino la de todo el mundo.

Un hombre singular puede lograr salvarse de veras, esto es regenerar e inmortalizar su vida individual en el amor verdadero, solo mancomunadamente o junto con todos. Él tiene el derecho y el deber de defender su individualidad de la ley infame de la vida general, pero no tiene derecho a separar su bien del bien verdadero de todos los vivientes. Del hecho de que la más profunda e intensa manifestación del amor se exprese en la relación de dos seres que se completan entre sí, de ninguna manera resulta que esta relación pueda separarse y aislarse de todo lo demás, como algo autosuficiente; por el contrario, tal aislamiento es el perecimiento del amor, ya que la relación entre los dos sexos con toda su significación subjetiva, objetivamente resulta ser solo un fenómeno empírico pasajero. Precisamente del mismo modo, del hecho de que la unión perfecta de tales dos seres singulares es y seguirá siendo la base y la forma verdadera de la vida individual, no resulta en absoluto que esta forma vital encerrada en su perfección individual tenga que estar vacía cuando ella, por el contrario, según la naturaleza misma del hombre, es capaz y está destinada a llenarse con el contenido universal. Finalmente, si el sentido moral del amor exige la reunificación de lo que fue injustamente dividido, requiere la identificación de sí mismo con el otro, entonces separar la tarea de nuestra perfección individual del proceso de la unificación universal sería contrario al propio sentido moral del amor, incluso si tal separación fuera físicamente posible.

II

De este modo, cada intento de apartar y de aislar el proceso individual de regeneración en el verdadero amor se encuentra con un triple obstáculo inexpugnable, ya que nuestra vida individual con su amor, separada del proceso de la vida universal, inevitablemente resulta ser, primero físicamente débil e impotente contra el tiempo y la muerte, luego, intelectualmente vacía y privada de contenido y, finalmente, moralmente indigna. Si la fantasía logra saltar por encima el obstáculo físico y lógico, de todos modos tiene que detenerse ante la imposibilidad moral.

Supongamos algo completamente fantástico; supongamos que un hombre hubiera reforzado de tal forma su espíritu con la incesante concentración de la consciencia y de la voluntad, y de tal manera hubiera purificado su naturaleza corporal con el acto heroico ascético, que realmente hubiera restablecido (para sí mismo y para su "otro" complementario) la integralidad verdadera de la individualidad humana: habría alcanzado la espiritualización plena y la inmortalidad. ¿Gozará esta individualidad regenerada su felicidad solitaria en aquel ambiente donde todo sufre y perece como antes? Pero avancemos más todavía: imaginemos que tal pareja regenerada hubiera obtenido la capacidad de comunicar a todos los demás su propio estado superior, sería ciertamente imposible, ya que ese estado se encuentra condicionado por el acto heroico moral personal; pero imaginemos que eso fuera algo así como la piedra filosofal o el elixir de la vida. Entonces todos los vivientes de la tierra estarían sanados de sus males y enfermedades, todos serían libres e inmortales. Pero para ser felices así, ellos necesitarían aun una condición más: tendrían que olvidar a sus padres, olvidar a los verdaderos responsables de esa felicidad suya, ya que por inmenso que fuera el mérito que se atribuyera al acto heroico personal, no obstante todavía serían necesarias miles y miles de generaciones que con su labor conjunta y colectiva crearan aquella cultura, aquellas construcciones morales e intelectuales sin las cuales la tarea de la regeneración individual no solo no hubiera podido cumplirse, sino que ni siquiera hubiera podido ser concebida. ¡Estos millares de personas que entregaron su vida por los demás se marchitarían en su tumbas, mientras que sus ociosos descendientes gozarían con indiferencia de su felicidad gratuita! Pero esto implicaría un salvajismo moral, e incluso peor todavía, puesto que los salvajes veneran a sus ancestros y mantienen contacto con ellos. ¿Pero cómo podría estar fundado el estado supremo y definitivo de la humanidad sobre la injusticia, la ingratitud y el olvido? El hombre que alcanzó la perfección suprema no podría aceptar un don tan indigno; si él no fuera capaz de quitar a la muerte *toda* su presa, preferiría renunciar a la inmortalidad.

Rompe esta copa, hay maligno veneno en ella[46].

---

46 N. del T.: Probablemente se trata de la paráfrasis de un verso de Afanasy Fet.

Por fortuna, todo esto es una fantasía meramente arbitraria y ociosa, y la humanidad nunca llegará a tal prueba trágica de solidaridad *moral* en virtud de nuestra solidaridad *natural* con el mundo entero, y de la imposibilidad física de una solución *particular* de la tarea vital por un hombre singular o por una generación singular. Nuestra regeneración está atada inquebrantablemente a la regeneración del universo, a la transfiguración de sus formas de espacio y de tiempo. La vida verdadera de la individualidad en su significación plena e incondicional se realiza y se eterniza solo en el desarrollo correspondiente de la vida universal en el cual nosotros podemos y debemos participar activamente, pero que no es creación nuestra. Nuestra obra personal, en la medida en que es verdadera, es una obra común de todo el universo: la realización e individualización de la idea panunitaria y la espiritualización de la materia. El proceso cósmico prepara esta obra en el mundo natural y el proceso histórico la continúa y la realiza en la humanidad. Nuestra *ignorancia* acerca del nexo omnilateral que une las particularidades concretas en la unidad de la totalidad nos deja libertad de acción, la cual con todas sus consecuencias ya desde toda la eternidad formó parte del designio absoluto que todo lo abarca.

La idea panunitaria puede finalmente realizarse o encarnarse solo en la plenitud de las individualidades perfectas, es decir, la meta última de toda la obra es el desarrollo supremo de cada individualidad en la plena unidad de todas ellas, y eso necesariamente incluye también la meta de nuestra propia vida, la cual, por consiguiente, no tenemos motivo ni posibilidad de aislar o separar de la meta universal. El mundo nos necesita en la misma medida en que nosotros lo necesitamos a él; el universo, desde toda la eternidad está interesado en conservar, desarrollar y eternizar todo aquello que realmente es necesario y deseable para nosotros, todo lo que es positivo y digno en nuestra individualidad, y solo nos queda participar del modo más consciente y activo posible en el proceso histórico general: tanto para nosotros mismos como para todos los demás *inseparablemente*.

III

Al ser verdadero o a la idea panunitaria se contrapone en nuestro mundo el ser material: aquello mismo que con su insensata obstinación reprime nuestro amor y no le permite realizar su sentido. La principal propiedad de este ser material es una *doble impenetrabilidad*: 1) la impenetrabilidad *en el tiempo* en virtud de la cual cada momento sucesivo del ser no preserva en sí mismo el momento precedente, sino que lo excluye o bien lo desplaza, quitándole la existencia al ocupar su lugar, de modo que todo lo nuevo en el ámbito de la materia acontece a expensas de, o en detrimento de lo preexistente; y 2) la impenetrabilidad *en el espacio* en virtud de la cual dos partes de materia (dos cuerpos) no pueden ocupar a la vez un mismo lugar, esto es, la misma parte del espacio, y necesariamente se desplazan uno al otro. De este modo, lo que está en la base de nuestro mundo es el ser en estado de desintegración, el ser desmembrado en partes y momentos que se excluyen unos a otros. He aquí el hondo terreno y la amplia base que debemos asumir considerando la fatal separación de los seres, en la cual radica todo el infortunio, también de nuestra vida personal. Superar esta doble impenetrabilidad de los cuerpos y fenómenos, hacer que el ambiente real externo esté en conformidad con la idea interna panunitaria, he aquí la tarea del proceso universal, tan simple en su comprensión general y tan compleja y difícil en la realización concreta. La aparente prevalencia de la base material en nuestro mundo y en nuestra vida es tan grande aún que incluso muchos pensadores concienzudos, pero de algún modo parciales, piensan que no hay nada en absoluto excepto esta existencia material en sus diversas formas y modificaciones. Sin embargo, aun acallando que el reconocimiento de este mundo visible como el único es una hipótesis arbitraria en la cual uno puede creer, pero no puede probarla sin salir de los límites de este mundo, hay que reconocer que el materialismo, de todas formas, no tiene razón, incluso desde el punto de vista de los hechos reales. De hecho, en nuestro mundo visible existen también muchos fenómenos que no son meras modificaciones del ser material en su impenetrabilidad espacial y temporal, sino que son hasta una negación directa y una abolición de la impenetrabilidad misma. Tal es en primer lugar la *gravitación* universal, en la cual las partes materiales del mundo no se excluyen una a la otra, sino que por el contrario tienden a incluirse, a compenetrarse mutuamente. Se puede edificar hipótesis pseudocientíficas en favor de algún principio preconcebido, una sobre otra, pero partiendo de definiciones de la materia inerte nunca se logrará explicar factores que tienen cualidades directamente contrarias a esto, en orden a arribar a una comprensión racional: nunca se logrará reducir la gravitación a la extensión, deducir la atracción de la impenetrabilidad y entender la tendencia como inercia. Entretanto, sin estos factores no materiales sería imposible incluso la más simple existencia corporal. La materia *per se* es solo un conjunto indeterminado e inconexo de átomos a los cuales se les atribuye movimiento propio, con más generosidad que fundamento. En todo caso, para la unión determinada y constante entre partículas de materia para formar un cuerpo, es necesario que su impenetrabilidad o, lo que es lo mismo, su inconexión absoluta se transforme en mayor o menor grado en una interacción positiva entre ellas. De este modo, también todo nuestro universo, como no es un caos de átomos desconectados sino una unidad total coherente, presupone, además de su material fragmentario, una forma de unidad adicional (y también una fuerza activa que subordina a esta unidad los elementos que ofrecen resistencia). La unidad del mundo material no es una unidad material, tal unidad no puede existir en absoluto, es *contradictio in adjecto*. El cuerpo universal formado por la ley de gravitación, contraria a la materia (lo que desde el punto de vista del materialismo quiere decir antinatural) es una totalidad real-ideal, psicofísica o directamente (según el pensamiento de Newton sobre el *sensorium Dei*[47]) es un *cuerpo místico*.

Además de la fuerza de gravitación universal, la panunidad ideal se realiza en el cuerpo del universo en modo espiritual y corporal mediante la luz y otros fenómenos afines (electricidad, magnetismo, calor). El carácter de estos fenómenos contrasta tan claramente con las cualidades de la materia impenetrable e inerte que incluso la ciencia materialista está obligada por la evidencia a reconocer aquí una sustancia semimaterial *sui generis* a la cual llama éter. Se trata de una materia imponderable, que todo lo penetra y es a la vez penetrable

---

47 N. del T.: Se refiere al postulado de Isaac Newton (1642 - 1727), para quien el espacio y el tiempo absolutos se hallaban situados en el "sensorio de Dios" (*sensorium Dei*).

por todo, en una palabra, es una *materia inmaterial*. Por medio de estas encarnaciones de la idea panunitaria –la gravitación y el éter– se sostiene nuestro mundo real, y la materia por sí misma, esto es, un conjunto muerto de átomos inertes e impenetrables, es solo concebida por la inteligencia abstracta y no se observa ni se revela en ninguna realidad. No conocemos momento alguno en el cual la realidad genuina haya pertenecido al caos material, y en que la idea cósmica haya sido una sombra incorpórea y endeble: solo suponemos un momento semejante como punto de partida del proceso universal dentro de los límites de nuestro universo visible.

Ya en el mundo natural, a la idea le pertenece todo, pero la verdadera esencia de la idea exige no solo que todo le pertenezca, que todo esté incluido o sea abarcado por ella, sino *que ella misma también pertenezca a todo*, que todo, esto es, *todos* los seres particulares e individuales y por consiguiente *cada uno* de ellos efectivamente posea la panunidad ideal, la incluya dentro de sí. La panunidad perfecta requiere por definición un completo equilibrio, la equivalencia y paridad de derechos entre el uno y el todo, entre el total y las partes, entre lo general y lo singular. La plenitud de la idea demanda que la suprema unificación del todo se realice en la máxima autonomía y libertad de los elementos particulares y singulares: en ellos mismos, por medio de ellos y para ellos. Siguiendo esta dirección, el proceso cósmico llega hasta la formación de la individualidad animal, para la cual la unidad de la idea existe bajo la imagen de la *especie* y se siente con plena fuerza en el momento de la atracción sexual, cuando la unidad interna o comunión con el otro, con su "todo", se realiza concretamente en la relación con un individuo singular del otro sexo, que siendo uno representa este "todo" complementario. La propia vida individual del organismo animal ya contiene en sí cierta semejanza, aunque limitada, con la panunidad, puesto que aquí se realiza la solidaridad completa y la reciprocidad de todos los órganos y elementos particulares en la unidad del cuerpo vivo. Pero así como esta solidaridad orgánica *en* un animal no sobrepasa los límites de su estructura corporal, del mismo modo, *para* este animal la imagen del "otro" complementario está totalmente limitada por el mismo cuerpo singular, con la posibilidad de la unión solo material y parcial; y por eso la infinidad supratemporal, esto es, la eternidad de la idea que actúa en la fuerza vital y creativa del amor, toma aquí la rectilínea forma ruin de la reproducción sin límite, es decir, la repetición del mismo organismo en una mutación monótona de existencias temporales singulares.

En la vida humana, aunque la línea recta de la reproducción de la especie en el fondo se conserva como tal, gracias al desarrollo de la consciencia y de la comunicación consciente, el proceso histórico va girando esta línea hacia ambientes de organismos sociales y culturales cada vez más amplios. Estos organismos sociales son producidos por la misma fuerza vital creativa del amor que genera también a los organismos físicos. Esta fuerza crea en forma directa la familia, y la familia es el elemento constitutivo de cualquier sociedad. A pesar de este vínculo genético, la relación de la individualidad humana con la sociedad es esencialmente distinta de la relación de la individualidad animal con la especie: el hombre no es un ejemplar pasajero de la sociedad. La unidad del organismo social *realmente coexiste* con cada miembro individual, tiene existencia no solamente en él y a través de él, sino también *para* él, se encuentra con él en una determinada conexión y correlación: la vida social y la individual se compenetran en todas sus partes. Por consiguiente, aquí tenemos una imagen más perfecta de la encarnación de la idea panunitaria que en el organismo físico. Por otro lado, aquí comienza desde adentro (desde la consciencia) el proceso de integración en el tiempo (o *contra* el tiempo). A pesar de la sucesión de generaciones, continua también en la humanidad, ya aparecen elementos primarios de la inmortalización del individuo en la religión de los ancestros –la base de toda cultura–, en la tradición, que es la memoria de la sociedad, en el arte y finalmente en la ciencia de la historia. El carácter imperfecto y rudimentario de tal inmortalización corresponde a la imperfección de la propia individualidad humana y de la propia sociedad. Pero el progreso es indudable y la meta final se hace cada vez más clara y más cercana.

IV

Si la raíz de la existencia falsa consiste en la impenetrabilidad, es decir, en la exclusión recíproca de los seres, la vida verdadera, en cambio, consiste en vivir uno en el otro como en sí mismo, o encontrar en el otro un complemento positivo e incondicional de su propio ser. La base y el arquetipo de esta vida verdadera sigue siendo y será siempre el amor sexual, o conyugal. Pero como hemos visto, su propia realización es imposible sin la correspondiente transformación del ambiente externo, es decir, la integración de la vida individual necesariamente exige la misma integración en las esferas de la vida social y universal. Cierta distinción o separación de las esferas de la vida, tanto las individuales como las colectivas, nunca será y no tiene que ser abolida, porque tal fusión general conduciría a la indiferencia y a la vacuidad, y no a la plenitud del ser. La unión verdadera presupone una verdadera distinción entre aquellos que se unen, esto es, una distinción en virtud de la cual ellos no se excluyen, sino que se afirman mutuamente, encontrando cada uno en el otro la plenitud de su propia vida. Así como en el amor individual dos seres diferentes pero con igual valor y derechos sirven uno al otro, no siendo límite negativo, sino complemento positivo, de igual modo tendría que ser en todas las esferas de la vida colectiva; todo organismo social tiene que ser para cada miembro suyo no el límite exterior de su actividad, sino la base positiva y el complemento: así como para el amor sexual (en la esfera de la vida personal) el "otro" singular es a la vez todo, por su parte, en virtud de la solidaridad positiva de todos sus elementos, el *todo* colectivo tiene que ser para cada uno de ellos una unidad real, como si fuera otro ser vivo que lo completa (en una esfera nueva más amplia).

Si las relaciones entre los miembros individuales de la sociedad tienen que ser fraternas (y filiales con respecto a las generaciones precedentes y sus representantes sociales), entonces su vínculo con las esferas sociales más amplias –locales, nacionales, y por último la universal– tiene que ser más íntimo, abarcador y significante. Este vínculo entre el principio activo humano (personal) y la idea panunitaria encarnada en el organismo social físico-espiritual tiene que ser una relación *sizigética*[48] viva. No someterse a su esfera social y tampoco dominarla, sino

---

48 Del vocablo griego *sizigia*, que significa *conjunción*. Me veo obligado a introducir esta nueva expresión al no poder encontrar otra mejor en la terminología existente. Hago la observación de que los gnósticos utilizaban la palabra *sizigia* en otro sentido, y que en general el uso por parte de herejes de un término dado aún no lo hace herético.

estar en amorosa reciprocidad con ella, servirle como principio fecundante activo de movimiento y encontrar en ella la plenitud de las condiciones y de las posibilidades de la vida, tal es la relación entre la individualidad humana verdadera no solo frente a su esfera social inmediata, a su pueblo, sino también frente a toda la humanidad. En la Biblia, las ciudades, los países, el pueblo de Israel, y luego también toda la humanidad regenerada, o la Iglesia universal, se representan con imágenes de individualidades femeninas, y esto no es una simple metáfora. Del hecho de que la imagen de la unidad de los cuerpos sociales no sea perceptible para nuestros sentidos externos no se sigue en absoluto que esta unidad no exista: en efecto, nuestra propia imagen corporal no es perceptible en absoluto y es desconocida para una célula cerebral determinada y para un glóbulo de sangre; y si nosotros como individualidad dotada de la plenitud del ser nos distinguimos de estas individualidades elementales no solo por la mayor claridad y amplitud de la consciencia racional, sino también por la mayor fuerza de la imaginación creativa, no veo por mi parte la necesidad de renunciar a tales privilegios. Sea como fuere, con una imagen o sin ella, es necesario ante todo considerar las esferas sociales y la esfera universal como un ser vivo real con el cual sin mezclarnos confusamente nos encontramos en la más plena y estrecha reciprocidad de acción. Tal extensión de la relación *sizigética* a las esferas del ser colectivo y universal perfecciona la individualidad misma comunicándole la unidad y plenitud del contenido de la vida, y con esto eleva e inmortaliza la forma individual fundamental del amor.

Es indudable que el proceso histórico va realizándose en esta dirección, destruyendo paulatinamente las formas falsas o insuficientes de las uniones humanas (patriarcal, despótica, exclusivamente individualista) y al mismo tiempo acercándose cada vez más no solo a la unión de toda la humanidad como conjunto solidario, sino también a la instauración de la verdadera imagen *sizigética* de la unidad omnihumana. A medida que la idea panunitaria va realizándose efectivamente por medio del fortalecimiento y del perfeccionamiento de sus elementos humanos individuales, necesariamente se debilitan y se aplanan las formas de la falsa división o de la impenetrabilidad de los seres en el espacio y en el tiempo. Pero para su completa abolición y para la inmortalización final de todas las individualidades, no solo aquellas que viven ahora, sino también las de tiempos pasados, es necesario que el proceso de integración trascienda los límites de la vida social o propiamente humana e incluya en sí la esfera cósmica en la cual tal proceso se originó. En el ordenamiento del mundo físico (proceso cósmico), la idea Divina revistió solo por fuera con el manto de la belleza natural el reino de la materia y de la muerte: por medio de la humanidad, por obra de su consciencia universal racional, esta idea Divina tiene que entrar a este reino *desde adentro* para vivificar la naturaleza e inmortalizar su belleza. En este sentido, es necesario cambiar la forma de relacionarse del ser humano con la naturaleza. Él tiene que establecer también con ella la unidad *sizigética* con la cual se determina su vida verdadera en las esferas individual y colectiva.

V

Hasta ahora, la naturaleza ha sido o una madre despótica con poder absoluto sobre una humanidad juvenil, o bien una esclava ajena a ella, una cosa. En esta segunda época solo los poetas han conservado y nutrido un cierto vago y tímido sentimiento de amor hacia la naturaleza como un ser equiparable que tiene o puede tener *en sí la vida*. Los poetas verdaderos siempre han sido profetas de la restauración de la vida y de la belleza, como bien dijo uno de ellos a sus hermanos en el oficio:

Solo vosotros tenéis sueños pasajeros
que miran al alma como viejos amigos,
solo vosotros tenéis rosas fragantes
que brillan eternamente con lágrimas de embeleso.

Desde el deslucido y sofocante vil mercado cotidiano
me parece ver cómo los alegres finos colores
en vuestros arcoíris transparentes y aéreos
son como caricias que bajan del cielo nativo[49].

Establecer una verdadera relación amorosa o *sizigética* del hombre no solo con su ámbito social, sino también con su ámbito natural y universal, esta meta es clara por sí misma. No puede decirse lo mismo sobre los caminos para lograrla en el caso de un ser humano particular. Sin entrar en detalles prematuros, y por lo tanto dudosos e inconvenientes, puede afirmarse con seguridad, basándose en las firmes analogías de la experiencia cósmica e histórica, que cada actividad humana consciente que se determina por la idea de la *sizigia* universal y que tiene como meta encarnar el ideal panunitario en una esfera u otra, realmente genera o libera corrientes reales espirituales y corporales que paulatinamente van tomando posesión del ambiente material, lo espiritualizan y encarnan en él unas u otras imágenes de la panunidad, las semejanzas vivas y eternas de la humanidad absoluta. Y la fuerza de tal creatividad a la vez espiritual y corporal en el hombre es solo la

---
49 N. del T.: Fragmento del poema "A los poetas", de Afanasy Fet.

transformación o *giro hacia adentro* de la misma fuerza creativa que en la naturaleza al estar dirigida hacia afuera genera la ruin infinitud de la procreación física de los organismos. Habiendo unido el amor (sexual individual) con la verdadera esencia de la vida en general en la idea de la *sizigia* del universo, he cumplido mi tarea directa: determinar el sentido del amor, puesto que bajo el sentido de algún objeto se entiende precisamente su vínculo interno con la verdad universal. En cuanto a ciertas cuestiones sociales que he tenido que tratar, tengo el propósito de volver a ellas alguna vez.

Tres encuentros (1898)

TRES ENCUENTROS[50]

(Moscú 1862 – Londres 1875– Egipto 1876)

Triunfando sobre la muerte de antemano,
Con el amor vencida la cadena de los tiempos,
Tu nombre no diré, eterna amiga,
Mas sentirás el palpitar de mi cantar...

Incrédulo del ilusorio mundo,
Bajo la burda corteza de la materia
La púrpura[51] incorruptible percibía
Y el resplandor de la Divinidad reconocía...

---

50 N. del T.: En su estudio de la vida de Vladimir Soloviev, Ernst Radlov enmarca la escritura del poema "Tres encuentros", de carácter autobiográfico: "El 27 de enero de 1875 el joven filósofo dictó su primera clase, dedicada a la defensa de la metafísica, en la Universidad de Moscú. Soloviev dio clases en Moscú solamente durante medio año, ya que el 31 de mayo de 1875 lo enviaron al exterior por un año y tres meses, con objetivos científicos. El objetivo del viaje Soloviev lo definió de la siguiente manera: la investigación de las filosofías de India, gnóstica y medieval; y consideró que el mejor lugar para esto podía ser Londres, con su riquísimo Museo Británico. En este viaje, Soloviev visitó no solamente Londres, sino también París, Niza y Egipto. En 'Tres encuentros', él relata algunos sucesos que había vivido". Luego de volver de su viaje, Soloviev retomó el dictado de sus clases en la Universidad de Moscú, pero dimitió al poco tiempo, el 14 de febrero de 1877.

51 N. del T.: Prenda que forma parte del traje característico de emperadores y reyes.

¿No te presentaste tres veces ante mi viva mirada?
No por un movimiento de la mente, ¡oh no!
Cual presagio, como ayuda, o galardón:
Tu imagen respuesta fue a mi alma, a su clamor.

I

Y la primera vez, –¡oh!, cuánto tiempo atrás–
Han transcurrido treinta y seis años ya,
Cuando el alma de niño de repente sintió
Con inquietud de sueños confusos, el ansia del amor.

Tenía yo nueve años y *ella*[52]... nueve también.
"Era un día de mayo en Moscú", como decía Fet[53].
Me declaré. Silencio. ¡Oh Dios! Hay un rival.
¡Ah! Él a mí una respuesta me ha de dar.

¡Duelo! ¡Duelo! Misa de la Ascensión.
En torrente pasional hierve mi alma;
Los afanes... Lo cotidiano... Lo aplazamos:
El sonido se arrastra, se va apagando y para.

El altar está abierto... pero ¿dónde está el sacerdote?
¿Y el diácono? ¿Y la multitud de gente orante?

---

52 *Ella*, en este verso, era una señorita simple y pequeña y no tiene nada que ver con aquella *tú* a la cual fue dedicada mi introducción.

53 N. del T.: Soloviev hace referencia a una poesía de Afanasy Fet, de 1857, que comienza con el verso "Era un maravilloso día de mayo en Moscú". En esta composición, el poeta, enamorado, contempla por la ventana la belleza de un día primaveral. De pronto, ve pasar el cortejo fúnebre de una niña (lo reconoce por el color rosado del ataúd), del que forma parte la madre de la difunta.

El torrente pasional se secó de pronto sin dejar marca.
El azur está en derredor, el azur está en mi alma.

Tú estabas compenetrada con el azur dorado,
Con una flor de lejanas tierras en la mano,
Tú estabas de pie y radiante me sonreíste,
Inclinando tu cabeza me saludaste y entre la niebla te fuiste.

Y el amor de la infancia se me hizo extraño,
Mi alma se hizo ciega a lo cotidiano...
Y la institutriz alemana con tristeza repetía:
"¡Ser demasiado tonto, este Volodinka!"[54].

II

Transcurren años. Como docente y doctor
Al extranjero corro por primera vez.
Rápido pasan Berlín, Hannover, Colonia,
y de mi vista de pronto desaparecen después.

No el centro del mundo, París; no el suelo español,
Ni el vivo brillo del variopinto oriental,
No: con el Museo Británico soñaba yo,
y ese sueño mío no lo decepcionó.

Seis meses benditos, ¿los he de olvidar?
No los fantasmas de la belleza fugitiva,
No las pasiones, ni la naturaleza ni la humana vida;
Toda mi alma, mi alma entera por ti fue poseída.

---

54 N. del T.: Soloviev atribuye errores gramaticales a la institutriz alemana.

Que allá vayan y vengan las miríadas humanas
Con el estrépito de las máquinas que fuego exhalan,
Que allá se construyan moles sin alma;
Silencio santo. Estoy solo aquí adentro, solo en la sala.

Y bien, *cum grano salis*[55], desde luego,
Era un solitario, pero misántropo no;
En mi aislamiento gente aparecía también,
¿A cuáles personas podría nombrar yo?

Qué pena que con esta métrica ni aquellos nombres
ni esas conversaciones ajenas podré colocar...
Pero sí digo: dos o tres extravagantes británicos
Y también dos o tres docentes de Moscú en el lugar.

Solía no obstante, en la sala de lectura a solas estar;
Y ustedes créanme o no, Dios lo ve,
Que para mí las fuerzas misteriosas elegían
Todo lo que pudiera sobre ella yo leer.

Y cuando antojos pecaminosos me sugerían
Tomar un libro que no tenía nada que ver[56],
Tales incidentes en aquel lugar acontecían,
Que a casa confundido finalmente yo me iba.

"Oh, florecimiento de la Divinidad, aquí estás,
Lo siento" –entrando el otoño le dije un día–,

---

55 N. del T.: Locución latina que significa "con un grano de sal", y que se emplea para dar a entender que lo dicho debe interpretarse con cierto sarcasmo, y no en forma literal.
56 N. del T.: En el original, tomar un libro "de otra ópera", esto es, sin relación alguna con el tema en cuestión.

"¿Por qué desde los años de mi niñez
Tú ante mis ojos no te aparecías?".

Y en cuanto pensé estas palabras,
De pronto con un azur dorado se llenó todo,
Y frente a mí, otra vez, ella esplendente:
Solo su rostro, su rostro solo.

Y aquel instante pasó a ser mi felicidad duradera,
Mi alma otra vez se hizo ciega para las cosas
                              mundanas.
Y cuando escuchaba algún "serio" discurso,
Sonaba para mí como incomprensible bobada.

III

Le dije: "Tu rostro se me apareció,
Pero tu figura entera quiero verla yo;
Lo que tú al niño no le escatimaste,
Al hombre joven no puedes negarle".

"Ve a Egipto", una voz en mi interior sonó.
¡A París! Un vapor para el sur me llevó.
El sentimiento ni siquiera luchó con la razón:
Como una idiota, la razón enmudeció.

A Lyon, Turín, Piacenza y Ancona,
A Fermo, Bari, Brindisi, y ahí estaba,
Por el seno del mar azul que trepidaba
Ya el veloz vapor británico me llevaba.

Crédito y refugio El Cairo me ofreció
En el hotel "Abad", que ¡ay! ya sus puertas cerró,

En todo el mundo, el mejor... modesto, acogedor,
Rusos incluso de Moscú, ahí me encontré yo.

A todos divertía, de la habitación diez, un general
Que viejas historias del Cáucaso solía rememorar...
Nombrarlo no sería pecado, falleció hace mucho ya,
Y no es nada malo lo que de él voy a recordar.

Del célebre Rostislav Fadeyev[57] se trataba
Un militar retirado que la pluma dominaba.
Capaz de nombrar a una catedral o a una cortesana,
Cantidad de recursos el general entrañaba.

Dos veces al día con el general me encontraba;
En la *table d'hôte* con alegría y mucho él conversaba,
Contar anécdotas picantes para nada le costaba,
Y tanto como podía él siempre filosofaba.

Mientras tanto yo esperaba la cita anhelada,
Y así un día en el silencio de la noche cerrada,
Cual fresca exhalación del viento, escuché:
"Estoy en el desierto, allí búscame".

Ir a pie (desde Londres hasta el Sahara,
Gratis a los jóvenes no los llevaban,
Por eso en mi bolsillo solo vacío quedaba,
Y viviendo a crédito hace mucho ya que estaba)...

A pie, Dios sabe adónde; sin dinero ni provisiones,
Y un lindo día, hacia allá me fui entonces,

---

57 N. del T.: Rostislav Fadeyev fue un militar, periodista e historiador ruso (1824 - 1883).

Como el tío Blas[58], del que escribió Nekrásov
(no sé bien cómo, pero la rima he logrado).

Cuando con mi sobretodo y mi sombrero de copa
Un temblor de susto causé a un fornido beduino,
Que espantado, con un diablo me había confundido
En el medio del desierto, tal vez te hayas reído.

Y por eso es que casi fui matado; muy ruidoso, al
modo árabe
Los jeques de dos tribus un concilio realizaron
Sobre qué hacer conmigo; después mis manos
sujetaron
Como si fuera yo un esclavo, y en palabras más no
ahondaron.

De donde ellos estaban, lo más lejos posible me
llevaron;
Me río contigo: es propio de los dioses y también de la
gente
Reírse de las desgracias cuando estas ya han pasado:
Benévolos, mis manos desataron y enseguida se
marcharon.

---

58 N. del T.: Personaje del poema homónimo (1855), del escritor ruso Nikolai Nekrasov (1821 – 1877). Blas era un hombre rico que explotaba a los pobres y maltrataba a su mujer. Cayó enfermo y comenzó a tener visiones de sí mismo en el infierno. Hizo un voto: que si Dios lo libraba de su enfermedad, construiría una iglesia. La enfermedad remitió, y donó su dinero para la edificación de una iglesia. Completamente pobre, sin nada, fue con un ícono en la mano a pedir limosna para seguir reuniendo los fondos que aún faltaban para concluir la construcción.

Entretanto, directamente, sin rodeos,
A la tierra la noche muda bajaba,
La penumbra veía entre lucecitas estelares
Y en todo alrededor solo silencio escuchaba.

Acostado en el suelo yo miraba y escuchaba...
De pronto, un desagradable chacal oí que aullaba;
En su sueño de seguro él de mí se alimentaba,
Y yo contra él ni con un cayado contaba.

¡El chacal era lo de menos! El frío que hacía era un
            horror...
Debía haber cero grados, aunque de día hacía calor...
Las estrellas brillaban con despiadada claridad,
El brillo y el frío tenían con el sueño enemistad.

Largo tiempo estuve acostado en un tremendo sopor,
Y entonces: "Duerme, mi pobre amigo", de pronto
            sentí que sonó.
Y yo me dormí; pero cuando noté que despertaba,
La tierra y el círculo del cielo fragancia a rosas
            exhalaban.

En el púrpura del brillo del cielo,
Con los ojos llenos del fuego de azur[59],
Como aquel primer resplandor
Del día de la creación universal, mirabas tú.

---

59 Verso de un poema Lermontov. [N. del T.: Referencia a un poema de 1840 que comienza así: "A menudo rodeado por una muchedumbre variopinta", del poeta ruso Mijail Lermontov (1814 - 1841)].

Lo que es, lo que fue y lo que siempre será,
Todo eso una sola mirada inmóvil abarcó...
Debajo de mí había mares y ríos que azuleaban,
Y bosques lejanos, y alturas de montañas nevadas.

Una sola imagen de la belleza femenina...
Y en su dimensión lo inmenso todo cabía;
Todo fue uno solo, y todo yo lo vi,
Estabas nada más que tú, frente a mí y dentro de mí.

Por ti no fui engañado, ¡oh, resplandeciente!:
Completa en el desierto pude verte;
En mi alma las rosas no han de marchitarse
Donde quiera que las ondas de la vida me llevaren.

¡Un solo instante! La visión se escondió,
En la cúpula del cielo se alzaba el globo del sol;
Silencio en el desierto. El alma rezaba, y en ella no se
                                                                                  acallaba
el son de campanas que la buena nueva cantaban.

Por dos días no había comido... y ¡el espíritu estaba
                                                                                   animoso!
Pero mi mirada a lo alto comenzaba a ver borroso,
Es que ¡ay!, no importa cuán sensible un alma pueda
                                                                                         ser
Para nadie el hambre buena compañía es.

Caminaba hacia el Nilo, donde se ponía el sol,
Y al caer la noche, a la casa en El Cairo llegué yo;
El alma guardaba la impronta de la sonrisa de rosas,
Y gran número de agujeros podía verse en mis botas.

Visto por otros, todo esto muy tonto parecía haber
                                                                          sido
(Relaté los hechos, lo de la aparición lo mantuve
                                                                     escondido).
En silencio, luego de tomar la sopa, el general
Fijando en mí su mirada, muy serio, así comenzó a
                                                                           hablar:

"Por supuesto, derecho a las tonterías, da la razón,
Pero no abusar de eso, para mí es lo mejor:
Puesto que no es una maestra la estupidez de la gente
Para distinguir los tipos de locura precisamente".

"Por eso, si para usted es ofensivo tener fama de
                                                            demente
o pasar por estúpido simplemente
Todo este ridículo acontecimiento,
Conviene que a nadie más se lo comente".

Y él siguió diciendo muchas agudezas,
Pero frente a mí la niebla azul ya estaba brillando
Y, rendido por la misteriosa belleza
El océano de la vida se fue alejando.

Todavía esclavo del mundo de vanidad,
Bajo la gruesa corteza de la materia
Así la púrpura incorruptible yo vi
Y el resplandor de la Divinidad yo sentí.

Triunfando sobre la muerte con el presagio,
Con el anhelo vencida la cadena de los tiempos,
Tu nombre no diré, eterna amiga,
Mas perdona la endeblez de mi cantar...

Pustinka[60], 26-29 de septiembre de 1898

<u>Nota del autor</u>: Una noche de otoño y un recóndito bosque me inspiraron a recrear en una poesía jocosa el acontecimiento más significativo de todo lo que hasta ahora me ha ocurrido en la vida. Durante dos días resurgieron sin cesar en mi conciencia los recuerdos y las consonancias; y al tercer día estuvo lista esta pequeña autobiografía que gustó a algunos poetas y a algunas damas.

---

60 N. del T.: Finca próxima a San Petersburgo.

Año 2025

Buenos Aires, Argentina

Made in the USA
Coppell, TX
14 February 2025